Moshe Zuckermann

Gedenken und Kulturindustrie

W0373795

Moshe Zuckermann

Gedenken und Kulturindustrie

Ein Essay zur neuen deutschen Normalität

PHILO

©1999 Philo Verlagsgesellschaft mbH,
Berlin und Bodenheim bei Mainz
Alle Rechte vorbehalten
Ohne ausdrückliche Genehmigung des Verlags
ist es nicht gestattet, das Buch oder Teile daraus
auf fotomechanischem Weg (Fotokopie, Mikrokopie)
zu vervielfältigen.
Umschlaggestaltung: Gunter Rambow, Frankfurt/Main
Satz: Stefan Reinhard, Frankfurt/Main
Herstellung: Nexus Druck, Frankfurt/Main
Printed in Germany
ISBN 3-8257-0135-2

Inhalt

Vorwort

Der vorliegende Band entstand im akademischen Jahr 1998/99, während eines zehnmonatigen Aufenthalts am Wissenschaftskolleg zu Berlin. Das ursprüngliche Projekt, das ich für diese Zeit anvisiert hatte (eine »Soziologie der Kunst«), stellte ich zurück, als die Resonanz zu der im Oktober 1998 gehaltenen Rede Martin Walsers sich um Weihnachten herum zu einer handfesten öffentlichen Debatte ausgeweitet und verfestigt hatte. Man konnte sich ihr kaum mehr entziehen. Infolge meiner Erfahrungen und Beobachtungen im öffentlichen Raum war ich zum damaligen Zeitpunkt bereits zu der Überzeugung gelangt, daß eine sich seit längerer Zeit anbahnende Wende im Umgang einer bestimmten deutschen Öffentlichkeit mit der Vergangenheit auf ihren Punkt gekommen war. Die galt es nun ideologiekritisch zu erörtern.

Vieles aus dem Alltagserleben und aus den einschlägigen Diskussionen hätte zu diesem Zweck zusammengetragen werden können. Material gab es – und gibt es – mehr als genug. Gleichwohl zog ich es vor, mich auf drei, ihrem Wesen nach recht unterschiedliche Texte zu konzentrieren, die mir zentrale Ideologeme der neuen Tendenz prononciert zu kodifizieren bzw. offen zu thematisieren scheinen. Es handelt sich, wie gesagt, um Martin Walsers Friedenspreis-Rede, um einen Vortrag, den der Historiker Hans-Ulrich Wehler am Wissenschaftskolleg hielt, und um Gedanken und Thesen, die Hans Magnus Enzensberger anläßlich der Verleihung des Heinrich-Heine-Preises vortrug. Die drei Texte wurden später (ganz oder in gekürzter Form) publiziert. Sie hatten nicht alle eine gleich starke Resonanz; die Resonanz zu Walsers und Enzensbergers Texten etwa läßt sich kaum vergleichen. Und dennoch manifestiert sich in ihnen bzw. im Kontext ihres öffentlichen Niederschlags die Matrix besagter ideologischer Tendenz. Die ersten drei Kapitel des Bandes befassen sich mit diesen spezifischen Texten. Das vierte Kapitel, in welchem Grundprobleme der Holocaust-Darstellbarkeit und der Schwierigkeit adäquaten öffentlichen Gedenkens thematisiert

und konzeptuell erörtert werden, trägt einen eher theoretischen Charakter. Im letzten Kapitel werden dann das motivische Material und die thematischen Erträge der vorangegangenen Kapitel in der Logik ihres Zusammenhangs gebündelt.
Daß es in diesem Band um den »deutschen Zeitgeist« geht, ist in der Überschrift des Schlußkapitels indiziert. Die Vorbehalte gegenüber diesbezüglich generalisierenden Feststellungen seien hier vorab angemeldet. Daß es sich jedoch zumindest um eine Zeitenwende im »linken« bzw. linksliberalen Milieu (wenn man will: im traditionellen Diskurs der kritischen Intelligenz der alten Bundesrepublik) im nunmehr vereinten Deutschland handeln mag, soll hier durchaus behauptet werden. Gleichwohl hat auch diese Behauptung ihren spezifischen Kontext: Sie wird wenige Tage nach dem Einzug des Bundestags in den neu hergerichteten Reichstag, mithin nach der symbolischen Gründung der »Berliner Republik« aufgestellt. Ob zwischen diesem staatsoffiziellen Akt und der in diesem Band vertretenen These ein Zusammenhang besteht, und wenn ja, wie er sich weiterhin gestalten wird, muß vorerst im Ungewissen belassen werden. Ungewiß ist, so besehen, auch die Zukunft des Holocaust-Gedenkens in dieser neuen – »normalisierten« – Republik. Nimmt man jedoch die im vorliegenden Band zu Wort kommenden Stimmen ernst, kann man sich zumindest eines Eindrucks nicht mehr erwehren: Es ist eine Zeitenwende.

M. Z.
Berlin, im April 1999

Von Erinnerungsnot und Ideologie

Irgendwann in der zweiten Dezemberwoche des Jahres 1998 war es passiert. Der Schriftsteller, prominenter Vertreter der sogenannten deutschen »Tätergeneration«, hatte es fertiggebracht, dem Holocaust-Überlebenden ins Gesicht zu schleudern: »Herr Bubis, da muß ich Ihnen sagen, ich war in diesem Feld beschäftigt, da waren Sie noch mit ganz anderen Dingen beschäftigt. Sie haben sich diesen Problemen später zugewendet; Sie haben sich diesen Problemen später zugewendet als ich«.[1] In der »Beschäftigung« mit welchen »Problemen« war der empörte Schriftsteller seinem jüdischen Kontrahenten zuvorgekommen? – fragt man sich erstaunt. Die Antwort: In der literarischen Auseinandersetzung mit dem »Schlußstrich« (unter der Aufarbeitung der deutschen Nazi-Vergangenheit) und der »Instrumentalisierung« (des Holocaust) – »in diesem Feld« war, nach eigenem Bekunden, der beleidigte deutsche Intellektuelle dem jüdischen Überlebenden weit voraus. Der Überlebende konnte dem nur eines entgegensetzen: »Ich hätte nicht leben können. Ich hätte nicht weiterleben können, wenn ich mich damit früher beschäftigt hätte«.
Das war nicht, wie Walter Jens später in anderem Rahmen meinte, die Antwort eines Lessingschen weisen Nathan, sondern ein Moment intimster Wahrhaftigkeit, ein Stück psychischer Entblößung, die man ganz selten, wenn überhaupt je, so intim im öffentlichen Raum freizugeben pflegt; das publik gewordene Eingeständnis einer »Schwäche«, dem man gerade darum nur mit respektierendem Schweigen (wenn schon nicht mit spontan aufkommender Empathie) begegnen kann. Der tiefgetroffene Schriftsteller konnte aber nicht umhin, noch einmal nachzusetzen: »Und ich mußte, um weiterleben zu können, mich damit beschäftigen«. Durfte man sich kurz zuvor noch unsicher sein, was der renommierte Autor mit seinem merkwürdig anmutenden Konkurrenzgehabe hinsichtlich des Zeitpunktes der Beschäftigung »in diesem Feld« wohl gemeint haben mochte, so gab es nun nichts mehr zu deuteln: das Weiterleben des einen war dem

Weiterleben des anderen gleichgestellt worden, beide »Weiterleben« wurden gleichsam austauschbar.
Spätestens an diesem Punkt hätte klar werden müssen: Es geht um schlechthin Unüberbrückbares. Wenn der überaus durchformulierte deutsche Literat partout nicht zu begreifen vermochte, daß die vermeintlich ausgebliebene »Beschäftigung« des Holocaust-Überlebenden »in diesem Feld« von einer zu einem ganz anderen Zeitpunkt ansetzenden, nie mehr aufhebbaren, existentiellen Verwachsenheit mit nämlichem »Feld« herrührt; wenn er nicht fähig war, zu verstehen, daß die »Beschäftigung« damit etwas wesenhaft anderes ist, als leiblicher Bestandteil davon gewesen zu sein; wenn er nicht einmal zu ahnen schien, daß es zwischen den Befindlichkeiten des nolens volens zum exemplarischen Vertreter der »Tätergeneration« Avancierten und denen des (wie immer durch die leidige Debatte zum »Vertreter« der »Opfergeneration« nahezu entstellend stilisierten) Holocaust-Überlebenden keine Symmetrie gibt, keine geben kann, ja, aufs Allgemeine bezogen: keine geben darf – dann erhebt sich die Frage, ob wir es hier letztlich nicht mit einem schmerzhaft deutlichen, monadenhaft konkret verdichteten Beispiel dessen, was sich mit »Grenzen der Aufklärung«[2] noch am prägnantesten charakterisieren läßt, zu tun haben. Welche Kommunikation kann es noch zwischen dem mutatis mutandis beschuldigten Opfer-Überlebenden und seinem um das nachmalige Wohlsein der »Tätergeneration« bemühten Beschuldiger geben? Nicht von ungefähr entsetzte sich Bernd Lunkewitz, Verleger des Berliner Aufbau-Verlages: »Weiß er (Walser) nicht, daß Bubis auf ›diesem Feld beschäftigt‹ war, schon seitdem die deutschen KZ-Schergen sich mit ihm und seiner Familie ›beschäftigt‹ haben?«[3] Nicht zufällig platzte Karl-Heinz Hansen, Bundestagsmitglied zwischen 1969-1983, in einem Leserbrief der Kragen: »Wenigstens solange noch ein einziges Opfer des deutschen Verbrecherstaates unter uns lebt, sollten Leute wie Walser und Dohnanyi diese nicht beleidigen dürfen und uns nicht mehr mit ihren persönlichen Wehwehchen belästigen. Sie sollten schlicht und einfach die Klappe halten«.[4]
Was war denn passiert? Wie kam es zu alledem?

Mitte Oktober 1998 wurde in Deutschland wieder einmal debattiert, und zwar über den Holocaust, genauer: über die Möglichkeit öffentlicher bzw. Unmöglichkeit öffentlich aufgezwungener Erinnerung. In einer anläßlich der Verleihung des Friedenspreises des deutschen Buchhandels gehaltenen Rede hatte der Schriftsteller Martin Walser diesbezüglich Provozierendes geäußert: Nicht nur habe er »lernen müssen wegzuschauen«, wenn ihm »der Bildschirm die Welt als eine unerträgliche vorführt«; nicht nur fiele es ihm nicht leicht, sich »in Gewissensfragen einzumischen und doch den Anschein zu vermeiden, du seist oder hieltest dich für besser als die, die du kritisierst«; nicht nur vermöge er darüber hinaus »Schmerz erzeugende Sätze« radikaler Kritiker einfach nicht zu glauben, unter anderem deshalb, weil die, die mit solchen Sätzen aufträten, »uns weh tun« wollen, weil sie finden, »wir haben das verdient« – sondern dies alles gelte ihm auch für die deutsche Erinnerung des Holocaust: »Kein ernstzunehmender Mensch leugnet Auschwitz; kein noch zurechnungsfähiger Mensch deutelt an der Grauenhaftigkeit von Auschwitz herum; wenn mir aber jeden Tag in den Medien diese Vergangenheit vorgehalten wird, merke ich, daß sich in mir etwas gegen diese Dauerpräsentation unserer Schande wehrt. Anstatt dankbar zu sein für die unaufhörliche Präsentation unserer Schande, fange ich an wegzuschauen. Ich möchte verstehen, warum in diesem Jahrzehnt die Vergangenheit präsentiert wird wie noch nie zuvor«. Ja, »fast froh« sei er, wenn er zu entdecken glaubt, »daß öfter nicht mehr das Gedenken, das Nichtvergessendürfen das Motiv ist, sondern die Instrumentalisierung unserer Schande zu gegenwärtigen Zwecken. Immer guten Zwecken, ehrenwerten. Aber doch Instrumentalisierung«. Auschwitz, sagte Walser, eigne sich nicht dafür, »Drohroutine zu werden, jederzeit einsetzbares Einschüchterungsmittel oder Moralkeule oder auch nur Pflichtübung«. Diese Art der Ritualisierung lasse eine Art »Lippengebet« entstehen; aber in welchen Verdacht gerate man doch, wenn man sagt, »die Deutschen seien jetzt ein normales Volk, eine gewöhnliche Gesellschaft«. Das geplante Holocaustdenkmal in Berlin sehe er denn als »Betonierung des Zentrums der Hauptstadt mit einem fußballfeldgroßen Albtraum«, als »Monumentalisierung der Schande«.[5]

Die Rede hatte sofortige Resonanz. Weitgehende Zustimmung äußerten etwa der Tübinger Rhetorikprofessor Walter Jens (er höre gerne Reden, die »wohlüberlegte Anregungen enthalten und auch zum Widerspruch reizen«)[6] oder der Vorsitzende des Verbandes deutscher Schriftsteller, Fred Breinersdorfer, (die Rede habe unter anderem »aufgerüttelt« und für Diskussionen gesorgt). Demgegenüber warf der Präsident des Zentralrats der Juden in Deutschland, Ignatz Bubis, dem Festredner »geistige Brandstiftung« vor.
Das mag wohl etwas überzogen gewesen sein: So biedermännisch ist der heutige deutsche Holocaust-Diskurs nicht mehr, daß die wie immer gemeinte Provokation einen wirklichen Brand anstiften könnte; bedenkt man darüber hinaus, welch unsägliches Unheil wirkliche geistige Brandstiftungen im 20. Jahrhundert gezeitigt haben, sollte man mit solchen Begriffen allemal sparsam umgehen. Nein, »geistige Brandstiftung« war nicht das zentrale Problem der Walserschen Rede: Man debattierte halt ein wenig, wie schon anläßlich anderer konjunktureller deutscher Debatten, ohne wirklich auf den Trichter des Ideologischen bzw. des eigentlich Neuralgischen zu kommen. Das dabei Angezettelte hatte eher etwas mit Zerredung als mit wahrhafter Durchdringung des durch die angebliche »Brandstiftung« zum Politikum gewordenen Phänomens zu tun. So besehen, verweisen das von Walter Jens gelobte Zum-Widerspruch-Reizende beziehungsweise das von Fred Breinersdorfer hervorgehobene Aufrüttelnde der Rede auf etwas Sachfremdes: die mutatis mutandis zum Selbstzweck gewordene Lust am Debattieren – keine schlechte Eigenschaft an sich, für deren Befriedigung sich Auschwitz nun aber in der Tat ganz und gar nicht eignet.
Es erhebt sich freilich die Frage, ob dieses heteronome Moment nicht von Martin Walser selbst in die Debatte eingebracht wurde. Mochte er die durch andere praktizierte Instrumentalisierung der Holocaust-Erinnerung noch so emphatisch anprangern, er selber machte sich einer solchen Instrumentalisierung ja nicht weniger schuldig. Denn das empörte Reden über Instrumentalisierung erweist sich selbst unweigerlich als instrumentell, wenn in ihm etwas mit den (wohl vorwiegend linken) deutschen Intellektuellen bzw. den Medien ausgetragen werden soll, ohne dabei eine wirkliche Rechenschaft über das Instrumentalisierte abzulegen. Es

reicht eben nicht aus, zu postulieren, daß kein ernstzunehmender Mensch Auschwitz leugne oder daß kein noch zurechnungsfähiger Mensch an der Grauenhaftigkeit von Auschwitz herumdeutle, um sich dann dem Problem der fortwährenden Präsenz von Auschwitz dadurch zu entziehen, daß man die Träger der »unaufhörlichen Präsentation unserer Schande« attackiert. Wie man aus der Antike weiß, ist es nie angeraten, gerade den Boten töten zu lassen, denn damit wird bekanntlich das Problem seiner überbrachten Botschaft nicht aus der Welt geschafft. Im ZEIT-Magazin fiel Matthias Altenburgs Urteil darüber noch radikaler aus: Martin Walser sei es gar nicht um Auschwitz gegangen, »es ging ihm, bei allem rhetorischen und mimischen Aufwand, weder um Schuld noch um Schande. Es ging ihm um mediale Zuwendung. Hätte er mit einer Rede über das Robbensterben ein größeres Tabu brechen können, er hätte dieses zum Thema gewählt. Er hat das getan, was er den Medien vorwirft: Er hat, getarnt hinter einem Gestus aus Treuherzigkeit und Emphase, die deutsche Vergangenheit benutzt, um sich ein spätes High zu verschaffen. Er hat Auschwitz instrumentalisiert, um sich selbst ins Gespräch zu bringen«.[7] Mag Altenburgs Diagnose richtig sein, stützt sie sich doch auf eine schlechterdings nicht beweisbare Annahme. Zu leicht könnte der so Diagnostizierte die ihm zugeschriebene Motivation schlicht bestreiten. Entsprechend muß das (nicht nur von Walser aufgeworfene) Problem der Instrumentalisierung auf grundsätzlicher Ebene erörtert werden.

Der Begriff der Instrumentalisierung verweist auf eine kritikbedürftige Dimension des Heteronomen am jeweiligen Phänomen (Debatte, Diskurs, Geschichtsereignis usw.); kritikbedürftig ist dabei das Heteronome, weil besagtem Phänomen eine spezifische Autonomie beigemessen wird, die eben durch Heteronomes kontaminiert, womöglich ganz und gar entstellt werden kann. Redet man im Fall des eigenständig agierenden Subjekts von der Fremdbestimmtheit seines prinzipiell eigenbestimmten Denkens oder Handelns, so muß man im Fall des Phänomens von einem äußeren, der inneren Logik des Phänomens wesenhaft zuwiderlaufenden Gebrauch ausgehen. Daß es eine solche Eigenlogik des Phänomens gibt, wird dabei stillschweigend vorausgesetzt. Daß besagte Autonomie gleichwohl nicht ohne weiteres bestimm- bzw. ausmachbar ist, dürfte das zentrale Problem einer jeden kritischen

Auseinandersetzung mit der Heteronomie menschlichen Denkens und Handelns darstellen.[8] Denn nicht nur ist das Subjekt immer schon auch Objekt und von daher auf das ihm »fremde« Äußere ver- und angewiesen, von diesem also mitbestimmt, sondern im Fall der hier erörterten Aneignung von Geschichte (oder auch: geschichtlicher bzw. kultureller Erinnerung), kann das Subjekt gar nicht umhin, als instrumentell – das Angeeignete also heteronom vereinnahmend – zu verfahren. Denn das mit der Last nachmaligen Wissens beladene Gegenwärtige bezieht sich aufs Vergangene stets durch aktuell wirkende Bedürfnisse und Sichtweisen hindurch. Das Anachronistische jeder Historiographie (aber eben auch jeglicher anderer kultureller Form kollektiver Erinnerung) besteht, so besehen, darin, daß ihr das Instrumentalisierende gleichsam eingeschrieben ist. Nicht um die (als solche unumgängliche) Instrumentalisierung kann es also bei der Kritik des Heteronomen gehen, sondern vielmehr darum, in welcher Absicht das, was man im nachhinein als Wesen besagten Phänomens konsensuell ausmacht und definiert, instrumentalisiert wird: ob die innere Logik des Phänomens mitbedacht wird – ihr sozusagen »Genüge« getan wird –, oder ob seine fremdbestimmte Vereinnahmung zum objektiv nachweisbaren Selbstzweck avanciert ist. Wie immer man nun das Wesen des Holocaust definieren mag, um eines seiner Grundelemente kommt man bei seiner Erinnerung auf keinen Fall herum: um den »trivialen« Tatbestand der Opfer im Stande ihres Opferseins, und zwar nicht nur um der historischen Opfer willen, sondern eben um aus dem Historischen die vielbeschworenen, zukunftsweisenden »Lehren« ziehen zu können.[9] Daß dies unerträglich werden kann, soll nicht bestritten werden; da schaut man in der Tat nicht so »gerne« hin. Aber kein Weg, der sich adäquater Erinnerung an Auschwitz rühmt, führt daran vorbei.

Genau das scheint aber das Problem von Walser zu sein. Er hat gelernt wegzuschauen, wenn man ihm die Welt als eine unerträgliche vorführt. Was nun aber, wenn das Unerträgliche das real Vorwaltende wäre, nicht bloß die lustvolle Manipulation von Intellektuellen? Was, wenn in der Kritik sich das Aufscheinen wirklicher Not manifestierte, nicht nur das Bedürfnis »uns weh zu tun«, weil man findet, »wir haben das verdient«? Was, wenn »wir« es tatsächlich verdient hätten, eben weil wir – ob wegen

Über- oder Unterpräsentation der Schande – gelernt haben wegzuschauen? Wenn das Wegschauen gar, wie es im Falle Walsers scheinen will, zur akzeptierten Ideologie geworden ist? Solche Fragen haben sich im momentan herrschenden deutschen Zeitgeist überlebt. Nicht von ungefähr verbindet sich für Walser der Begriff der »Moralkeule« mit dem des »Einschüchterungsmittels«. Denn nicht nur soll man einem nicht mehr mit »Moral« kommen; »einschüchtern« lassen will man sich durch das moralisch Eingeforderte schon ganz und gar nicht. Nun weiß man ja, daß moralisch begründete Sozialanalyse allzu leicht und oft in Ideologie umschlagen kann, nämlich dann, wenn das Moralische als Kompensations-, Versöhnungs- oder sonstiges Entsorgungsmittel eingesetzt wird, ohne das zu Bewältigende, auf welches moralisch verwiesen wird, wirklich anzutasten; wenn also das, was den berechtigten moralischen Aufschrei hervorruft, so belassen wird, wie es ist, man dabei aber das subjektiv wohltuende Gefühl »moralisch« hervorgerufener Erleichterung verspürt. Mit solcherart ausgerichteter Ideologiekritik hat Walsers Aufbegehren gegen die Entstellung des Auschwitz-Gedenkens zur »Moralkeule« bzw. zum »Einschüchterungsmittel« freilich herzlich wenig zu tun. Denn mit keinem Wort erwähnte er in seiner Rede, was besagtes Auschwitz-Gedenken ja zu sein hätte; vielmehr ging es ihm darum, daß man ihn mit dem, was seiner Meinung nach in dieser Hinsicht entartet war, nicht mehr belästige. Er wollte eben nur eines: nicht mehr belästigt werden. Auf welche Last er dabei zielte, blieb mehr oder weniger im Unklaren. Bei einem so durchdachten und sprachgewaltigen Schriftsteller wie Walser durfte man sich da schon fragen, ob das Nebulöse nicht vielleicht doch etwas bewußt zuließ, was der Literat späterhin, als die Debatte entflammt war und das ursprünglich Gesagte im Sumpf sich stetig häufender Kommentare, Interpretationen und Stellungnahmen der zweiten, dritten und vierten Ableitung versank, brüsk von sich wies.

Walser hatte da aber auch seine eigene Antwort parat. »Unerträgliches muß ich nicht ertragen können«, sagte er; an der »Disqualifizierung des Verdrängens« könne er sich denn auch nicht beteiligen. Wie steht es da mit dem Gewissen? – mag man sich fragen. Dafür hatte er große Philosophie auf Lager; mit Heidegger und Hegel argumentierend schloß er: »Ein gutes Gewissen ist keins.

Mit seinem Gewissen ist jeder allein. Öffentliche Gewissensakte sind deshalb in der Gefahr, symbolisch zu werden. Und nichts ist dem Gewissen fremder als Symbolik, wie gut sie auch gemeint sei. Diese ›durchgängige Zurückgezogenheit in sich selbst‹ ist nicht repräsentierbar. Sie muß ›innerliche Einsamkeit‹ bleiben«. Zu fragen wäre freilich, auf was genau das, was hier als »nicht repräsentierbar« bezeichnet wird, jene »durchgängige Zurückgezogenheit in sich selbst«, verweise. Handelt es sich nämlich um ein Ominöses, ein nur entfernt Erahnbares, hat es letztlich keinerlei Relevanz für Gewissensfragen, die den Holocaust betreffen (die Frage der Darstellbarkeit des Holocaust selbst einmal ausgenommen); zu klar liegt auf der Hand, was das Gewissen in diesem Zusammenhang auch öffentlich zu martern hätte. Dem in der Tat problematischen Symbolischwerden des öffentlichen Gewissensaktes kann man ja ideologiekritisch begegnen. Wenn aber der »innerlichen Einsamkeit« als anempfohlenem Mittel gegen die öffentliche Auseinandersetzung mit dem Monströsen das Wort geredet wird, erwacht nicht nur das ungute Gefühl, es mal wieder mit der berüchtigten »deutschen Innerlichkeit«, die schon in der deutschen Romantik und ihren Einflüssen auf den Vormärz unheilvolle Resultate für die sich herausbildende politische Kultur des deutschen Bürgertums zeitigte,[10] zu tun zu haben, sondern mit einer (bereits überwunden geglaubten) Verballhornung des Politischen schlechthin. Das sich ins »Private« zurückziehende Gewissen, welches sich keine Rechenschaft über seine objektive Bedingtheit ablegt, mag im existentialistischen Sinne »wahrhaftig« sein; es ist aber auch vor allem zutiefst apolitisch, erfüllt also – gemessen an dem, was mit dem öffentlichen Gewissensakt gerade bezweckt werden soll – eine die »öffentliche Ruhe« nicht weiter störende, darum freilich bedenkliche, nämlich kompensierend entsorgende Funktion. Ein Gewissen, das den Einzelnen für objektiv geschehenes Verbrechen persönlich plagt, sich aber nicht dahingehend objektiviert, daß es das konkret Plagende zum Gegenstand einer übers Persönliche hinausgehenden – also zwangsläufig öffentlichen – Auseinandersetzung macht, birgt ein Ideologisches in sich. Dies gilt gerade für Walsers Behauptungen, und zwar nicht nur, weil er sich selber in den öffentlichen Raum stellte, um das vermeintlich Private zu propagieren, sondern weil es in seiner Rede um etwas zutiefst Unprivates ging: um ein kollektiv begangenes Menschheitsverbrechen und um den kollektiven Umgang mit der kollektiven Erinnerung daran.

Da nun Walser aber, wie gesagt, die Philosophie Hegels und Heideggers für seine Argumentation in Anspruch nahm, sei ihm hier eine alternative (freilich ebenfalls an Hegel geschulte) Schützenhilfe geboten. Den Stand der Kultur nach Auschwitz reflektierend, schrieb Adorno vor nun mehr als dreißig Jahren: »Wer für Erhaltung der radikal schuldigen und schäbigen Kultur plädiert, macht sich zum Helfershelfer, während, wer der Kultur sich verweigert, unmittelbar die Barbarei befördert, als welche die Kultur sich enthüllte. Nicht einmal das Schweigen kommt aus dem Zirkel heraus; es rationalisiert einzig die eigene subjektive Unfähigkeit mit dem Stand der objektiven Wahrheit und entwürdigt dadurch diese abermals zur Lüge«.[11] In der Tat scheint es, als verhülle die durch Schweigen – und erst recht durch Wegschauen – gemeisterte Sublimierung der eigenen Ohnmacht dem Zustand der Welt gegenüber etwas genuin Narzißtisches: Wenn ich schon nichts machen kann, darf ich mich doch wenigstens dabei wohlfühlen. Daß unglückliches Bewußtsein im Zuge gewisser politischer Entwicklungen aus der Mode geraten ist, weiß man ja schon; daß aber die Zerstreuung des unschicklich Unannehmlichen mittlerweile den Status handfester Ideologie erlangt hat, mag beunruhigen. Denn wenn das Monströse unerträglich ist, das Unerträgliche aber schlicht übergangen werden darf – die »Schmerz erzeugenden Sätze« mithin nicht geglaubt zu werden brauchen –, sollte man sich in der Tat fragen, ob das subjektive Wohlbefinden in bestimmten historischen Konstellationen nicht dadurch obszön wird, daß ein solcherart rationalisierender Umgang mit der objektiven Wahrheit diese zur Lüge entwürdigt.

Dabei soll – dies sei an dieser Stelle erneut hevorgehoben – gar nicht in Abrede gestellt werden, daß das oben erwähnte Symbolischwerden öffentlicher Gewissensakte in intellektuellen Diskursen und erst recht in den medialen Praktiken der gängigen Kulturindustrie das historische Grauen für heteronome Zwecke instrumentalisieren, sich dem Wesen dessen, was geschah, mithin ganz und gar entfremden können. Vieles wäre dem hierzu bereits Gesagten hinzuzufügen, und einiges Richtige hat Walser in seiner Rede tatsächlich festgehalten. Wie dargelegt, darf aber nicht vergessen werden, daß erinnerte Vergangenheit immer einen instrumentalisierenden Charakter aufweist, denn man bemächtigt sich des Vergangenen nun mal aus den im Gegenwärtigen wirkenden Bedürfnissen heraus. Relevant ist, so besehen, einzig die Absicht, in der sich die Vereinnahmung dessen, was sich nicht mehr unmittelbar erfahren bzw. erleben läßt, vollzieht. Es macht einen wesentlichen Unterschied aus, ob man sich z.B. der Opfer vergangener Gewalt um der Vermeidung künftiger oder aber um der Rechtfertigung gegenwärtiger Opfer (des eigenen, besonders aber der eines anderen, feindlichen Kollektivs) willen erinnert. Erinnert man sich jedoch der Opfer im Stande ihres Opferseins noch am adäquatesten, indem man den Opfer erzeugenden Verhältnissen entgegenwirkt, und zwar permanent entgegenwirkt, wird die ohnehin unumgängliche Instrumentalisierung gewissermaßen positiv gewendet. Das meinte Adorno, als er mit großer Emphase behauptete: »Hitler hat den Menschen im Stande ihrer Unfreiheit einen neuen kategorischen Imperativ aufgezwungen: ihr Denken und Handeln so einzurichten, daß Auschwitz nicht sich wiederhole, nichts Ähnliches geschehe«.[12]

Adornos Diktum gewinnt gerade im hier erörterten Zusammenhang an Bedeutung. Er redet von den Menschen »im Stande ihrer Unfreiheit«, geht also offenbar davon aus, daß sowohl die objektiven Bedingungen, als auch die von diesen herrührende subjektive Anfälligkeit für den drohenden Rückfall in die Barbarei gesellschaftlich, also historisch, noch keineswegs überwunden seien. Zum kategorischen Imperativ wird die Auseinandersetzung mit dieser stetig fortwirkenden Bedrohung deshalb, weil die Neigung (im Sinne der Anfälligkeit), in das Barbarische zurückzufallen, nicht als ein den Menschen zutiefst Fremdes, sondern vielmehr als ein ihnen – »im Stande ihrer Unfreiheit« und in bestimmten historischen Konstellationen – unheimlich Vertrautes begriffen wird. Das hat nichts mit einer universellen, für unveränderbar ausgegebenen »menschlichen Natur«, sondern mit repressiven, herrschaftlichen, im Kern macht- und gewaltorientierten, historisch freilich prinzipiell wandel- und veränderbaren sozialen Strukturen zu tun. Unverzichtbar indes ist hierbei genau das in Rechnung stellende Denken und Handeln der Menschen. Denn sind auch die Menschen in ihrem Einzeldasein übermächtigen Strukturen und Prozessen ohnmächtig ausgesetzt, so sind das doch Strukturen und Prozesse, die gesellschaftlich-historisch durch menschliches

Denken und Handeln hervorgebracht und ins Werk gesetzt worden sind. Was historisch entstanden ist, kann sich auch historisch ändern; das heißt: Alles, was durch menschliche Praxis zustande gekommen ist, kann durch menschliche Praxis aufgehoben werden. Auschwitz wird, so besehen, zum welthistorischen Maßstab einer der nie wieder wegzudenkenden Möglichkeiten menschlich-geschichtlicher Entwicklung – oder auch: zum mahnenden Mal für eine latent weiterwirkende Tendenz –, aber eben nicht zu dem der darunter einzig denk- und machbaren Entwicklungsmöglichkeit menschlichen kollektiven Seins. Gerade die von Walser verworfene »Drohroutine« birgt da in der Tat einen Wahrheitskern: Weil der Rückfall in die Barbarei permanent droht, ohne sich dabei »im Alltag« unmittelbar erkennen zu geben, ist das permanente – somit unweigerlich routinierte – Anmahnen geboten. Daß dabei sowohl von Auschwitz als auch von »nichts Ähnlichem« die Rede ist, verweist darauf, daß die Barbarei nicht die konkrete Form von Auschwitz anzunehmen braucht, um vergleichbar Unsägliches zu zeitigen; daß aber Auschwitz darüber hinaus als universelles, über das jüdische und deutsche Partikulare hinausgehendes, wenngleich das spezifisch historische dieser »Protagonisten« stets im Auge behaltendes Prinzip des Seins von Menschen im Stande ihrer Unfreiheit zu begreifen sei. Das hat nichts mit der von verschiedenen Seiten des deutschen Holocaust-Diskurses gern betriebenen Relativierung der Shoah zu tun, sondern mit der zum Paradigma erhobenen Einzigartigkeit der europäischen Judenvernichtung, die gerade durch fortwährendes Gedenken die Erinnerung an das historisch Konkrete garantiert, zugleich aber dadurch aufhebt, daß es sie zum absoluten Maßstab der Wahrnehmung und möglichen Bewältigung des zivilisatorisch stets Bedrohlichen erhebt. Unerläßlich, wie gesagt, die immerwährende Forderung nach der Einrichtung adäquaten Denkens und Handelns der Menschen.

Der hierfür zu zahlende Preis mag eine interessengeleitete, instrumentalisierende Einrichtung besagten Denkens und Handelns sein. Dem muß immer wieder kritisch begegnet werden. Ganz und gar untauglich dafür ist freilich das Wegschauen und die damit einhergehende Verdrängung. Denn so falsch das ideologische Wachhalten ewiger Schuld und die Dauerpräsentation der Schande im aufklärerischen Sinne sein mögen, ist auch klar,

daß Verdrängtes eben nicht Verarbeitetes ist, mithin stets seine nie vorhersehbare Wiederkehr einfordert. Auch da wieder Adorno: »Mir selbst will es eher scheinen, das Bewußte könne niemals so viel Verhängnis mit sich führen wie das Unbewußte, das Halb- und Vorbewußte. Es kommt wohl wesentlich darauf an, in welcher Weise das Vergangene vergegenwärtigt wird; ob man beim bloßen Vorwurf stehenbleibt oder dem Entsetzen standhält durch die Kraft, selbst das Unbegreifliche noch zu begreifen.«[13]
Walser hatte vermeintlich auch hierfür die nötige Antwort parat: »Jeder kennt unsere geschichtliche Last, die unvergängliche Schande, kein Tag, an dem sie uns nicht vorgehalten wird.« Die Unwirtlichkeit des Auszuhaltenden klingt hier klar durch. Was einem immer wieder vorgehalten wird, hat vermutlich nicht sehr viel mit dem zu tun, was man sich selber zumuten möchte; vor allem aber mag es die Wirkung leidigen Überdrusses zeitigen, womit denn die Weichen für die ausweichende Rationalisierung gestellt wären: Nicht mehr »die Kraft, selbst das Unbegreifliche noch zu begreifen«, steht zur Debatte, schon gar nicht die Umsetzung des Unbegreiflichen in das Bewußtsein einer permanenten Drohung des Rückfalls in die Barbarei, sondern die rataillierende Frage, was wohl die latente Motivation derer sein mag, die »uns« die »unvergängliche Schande« vorhalten, und besser noch, »warum in diesem Jahrzehnt die Vergangenheit präsentiert wird wie noch nie zuvor«.
Nun, es gibt gute Gründe, warum dies gerade in diesem Jahrzehnt geschieht, und es läßt sich vermuten, daß auch Walsers Frage weniger naiv gestellt war, als sie klingen mochte. Sein Bedürfnis, unbeschwert sagen zu dürfen, »die Deutschen seien jetzt ein normales Volk, eine gewöhnliche Gesellschaft«, ohne gleich in einen bestimmten ideologischen Verdacht zu geraten, geht über das Persönliche hinaus. Daß man wieder wer ist, hat sich im ökonomischen und politischen Bereich – also objektiv – längst schon weltweit manifestiert: Deutschland ist nicht nur das stärkste Land Europas, sondern eine große Macht im Weltmaßstab; dies, und nichts anderes, bestimmt die Beziehung der allermeisten Staaten der Welt zu ihm. Gleichwohl ging die objektive Stärke nicht immer mit dem Bewußtsein einer Unverträglichkeit dieser Stärke mit vergangener Schuld und Schande einher. Man muß nicht germanophob sein, um sich verwundert zu fragen,

was eigentlich so normal daran sei, daß eine Nation, die solches Grauen innerhalb so kurzer Zeit verursacht hat, objektiv so bald wieder dermaßen erstarkt ist. Solcher Verwunderung wird schon seit langem, besonders aber nach der Vereinigung der beiden deutschen Staaten, mit der Taktik des normalisierenden Bewußtseins begegnet: Man ist jetzt eben ein »normales Volk«, eine »gewöhnliche Gesellschaft«, positives Nationalgefühl steht einem wieder an – man fällt (historisch) eben nicht mehr aus der Reihe.

Zu fragen wäre freilich, was heißt es eigentlich, ein »normales Volk« in einer Welt zu sein, in der »das Normale« (oder auch das Versöhnliche) zum Argument derer geworden ist, die ihre Macht, Herrschaft und eben objektive Stärke den Erniedrigten und Beleidigten dieser Erde gegenüber gewahrt wissen wollen. »Gewöhnlichkeit« ist mehr als eine neutrale Beschreibung des Ordentlichen, längst schon ideologisches Postulat, das mehr zu verbergen scheint, als sich dem offenkundigen Begriff entnehmen läßt. Darüber hinaus kann man aber gerade an Israel nachweisen, welch neuralgische Latenzen sich hinter dem bewußt forcierten Prozeß der Normalisierung verbergen können. Auch – oder doch gerade – Deutsche sollten da, was ihre eigene Gesellschaft anbelangt, zumindest vorsichtig sein: Nicht nur Außenstehende, sondern große Teile der heutigen deutschen Bevölkerung fragen sich wohl gerade nach der politischen Vereinigung Deutschlands und in der Folge ihrer sozialen Auswirkungen, was daran so »normal« sein soll. »Normalität«, die sich der Analyse ihres Kontexts entzieht, wird unweigerlich zur Ideologie. Das bedarf einer kurzen Erörterung.

Das Normale läßt sich grundsätzlich über den Begriff der Mehrheit definieren: normal ist, was die – wie immer hoch angesetzte – Mehrzahl der Menschen eines Kollektivs bzw. die Mehrzahl von vielen Kollektiven auszeichnet. Die Norm erschließt sich hierbei über das formal Quantitative – eben als das, was den meisten Individuen gemeinsam ist. Daß dabei das Nicht-aus-der-Norm-Herausfallen als positiv bewertete Tugend bzw. das Herausfallende als eine zu überwachende oder gar zu integrierende »Abweichung« gilt, ist nicht nur unter gewissen wissenschaftsphilosophischen Aspekten, sondern durchaus auch im Bereich des Politischen überaus ideologisch. Der »Normalbürger« ist nicht nur deshalb das von der Herrschaft bevorzugte Subjekt der bürgerlichen (wie auch postbürgerlichen) Gesellschaft, weil er als Teil der meisten überschau- und kontrollierbar bleibt, sondern auch, weil er als Angepaßter – »well adjusted« hieß es im US-amerikanischen Soziologiepositivismus der 40er Jahre – nicht auf die Idee kommt, das, was als das ihm beigemessene positive Attribut gelobt wird, nämlich das »Normale«, mithin das System, das er mutatis mutandis affirmiert, ernsthaft (also nicht ressentimentgeladen) zu hinterfragen. Daß aber das System bzw. ein bestimmtes Ganzes von Grund auf falsch, entstellt, ja grausam sein kann, dürfte zumindest nach den historisch konkreten Erfahrungen der Moderne auch dem letzten Vertreter einer »wertfreien« Sozialanalyse nicht entgangen sein. Das Qualitative des durch das Mehrheitliche bestimmten »Normalen« leitet sich eben nicht vom schieren Tatbestand einer Mehrzahl ab, sondern von der Art und Weise, wie das Ganze auf das Individuelle einwirkt, mithin auch den Begriff der sogenannten »Normalität« der Mehrzahl kreiert, verfestigt und absegnet. Wenn also Deutsche im Hinblick auf ihre jüngste Geschichte wieder »normal« sein wollen, läßt sich das zum einen als das Bestreben, eine politische Kultur zu etablieren, welche die allerletzten Restbestände der überkommenen endgültig losgeworden ist, auslegen; es läßt sich aber mit größerer Berechtigung als das Verlangen interpretieren, angepaßt, eben wie »andere« zu sein, wobei das, was bei besagten »anderen« die Potentialität des Barbarischen ausmacht, nicht hinterfragt, geschweige denn zum Objekt der Auseinandersetzung gemacht wird. Das kann man, gemessen an der von Deutschen in diesem Jahrhundert verursachten Monstrositäten, gut verstehen; nicht faschistisch sein, das Nazistische aus sich ausgemerzt zu haben, gilt schon als die eigentlich zu vollbringende Leistung der »Normalität«. Aber gerade das verweist ja auf das Neuralgische im vermeintlich »normal« Bestehenden: Je mehr das Normale als Überwindung gepriesen wird, je öfter es öffentlich proklamiert, von angesehenen Sachwaltern nationaler und sozio-psychischer Befindlichkeiten nahezu dekretiert wird, desto öfter kommt der Verdacht auf, daß da zumindest im latenten Selbstbild – wie immer künstlich konstruiert bzw. durch die mediale »Dauerpräsentation unserer Schande« indoktriniert – etwas zutiefst Unüberwundenes mitschwingt. Daß dabei nicht alle Generationen, auch nicht alle Schichten der deutschen Gesellschaft gleichermaßen affiziert sind, steht außer Frage (und soll in der Folge noch weiter erörtert werden). Gleichwohl reicht allein das schon hin, um diese von gewissen prominenten deutschen Diskurs-Teilnehmern gebrauchte Rhetorik von der »Normalität« des Ideologischen zu überführen.

Nun hat der Mitherausgeber der renommierten »Frankfurter Allgemeinen Zeitung«, Frank Schirrmacher, in der festlichen Laudatio anläßlich der Preisverleihung behauptet, Walsers Nachdenken über Deutschland sei von »keiner Ideologie angetrieben« worden. Entweder verwendet da Schirrmacher einen stark reduzierten Ideologiebegriff, oder er verschließt sich bewußt dem Subtext der Walserschen Rede. Grundsätzlich sei hier angemerkt, daß Ideologie nicht als eine personenbezogene Idiosynkrasie zu begreifen ist, sondern eben als das geistig-kulturelle »Abbild« des real Bestehenden, welches dies Bestehende allerdings mitformt und strukturiert und sich dabei in mannigfachen, miteinander streitenden und konkurrierenden individuellen Äußerungen zu manifestieren pflegt. Ideologie liegt also ein Allgemeines zugrunde: Sie ergibt sich aus komplexen Diskurspraktiken, die ihrerseits von im Werden begriffenen oder bereits bestehenden Macht-, Herrschafts- und Gewaltstrukturen ökonomischer, politischer oder auch kultureller Natur herrühren. Somit erfüllt Ideologie zum einen eine »positiv« kittende, zum anderen eine das Bestehende in seinen teils verdeckten, teils offenen Machtverhältnissen rechtfertigende Funktion. So besehen, war Walsers Rede nicht nur ideologisch, sondern – gerade weil sie aus dem berufenen Munde einer eminenten Persönlichkeit anläßlich einer würdigenden Ehrung im öffentlichen Raum kam – durchaus symptomatisch für zumindest einen Aspekt der Ideologie eines momentanen »Nachdenkens über Deutschland«. Daß dabei dem Nicht-vergehen-Wollen der Vergangenheit aus dem vorigen Jahrzehnt nun das Wegschauen vom Unerquicklichen der Präsentation nämlicher Vergangenheit folgt, ist vielleicht keine »geistige Brandstiftung«, aber den Zeitgeist widerspiegelt sie – ideologisch! – allemal. Ist das ein Grund zur Beunruhigung? Nein, nicht wirklich. Beunruhigend ist vielmehr der wirkliche Zustand der Welt. Hinschauen tut not.

Walsers Rede entfachte, wie gesagt, eine ungestüme Debatte, bei der ein erregtes Für-und-Wider wochenlang schäumte und die mediale Öffentlichkeit aufwühlte. Eine besonders prägnante Unterstützung wurde dabei dem Friedensredner durch Klaus von Dohnanyi zuteil.[14] Dohnanyi schwankte subtil zwischen klarer Zustimmung zu Walser und vorsichtigem Verständnis für Bubis. Mehr Ausgewogenheit hätte man sich augenscheinlich kaum wünschen können. Daß er dabei Walser »recht« gab und davon ausging, daß Bubis ihn nur »nicht verstanden« habe, war durchaus konsequent: seine Argumentation lief letztlich darauf hinaus, die Quintessenz der Walserschen Rede abzusegnen, ohne dabei den jüdischen Deutschen Bubis, der offenbar mit besagter Rede so seine Probleme hatte, vor den Kopf zu stoßen. Bubis' »Verstehen« wurde so zum Angelpunkt seiner Argumentation: Nicht nur habe Bubis Walser nicht verstanden, sondern »vielleicht auch gar nicht verstehen können. Denn Walsers Rede war die Klage eines Deutschen – allerdings eines nichtjüdischen Deutschen – über den allzu häufigen Versuch anderer, aus unserem Gewissen eigene Vorteile zu schlagen. Es zu mißbrauchen, ja zu manipulieren«. Ins Auge fällt zunächst der Begriff des »nichtjüdischen Deutschen«, der in Dohnanyis Artikel mehrmals auftaucht: Der Begriff des »deutschen Juden« wurde mutatis mutandis als Ausgrenzungskriterium für den innerdeutschen Diskurs durch den des »nichtjüdischen Deutschen« ersetzt, so als gebe es eine quantitative Symmetrie zwischen jüdischen und nichtjüdischen Deutschen – ein brisantes Beispiel für die Entartungen politischer Korrektheit, bei dem eine verschwindende Minorität das Kriterium für die identifizierende Charakteristik der den allergrößten Teil der Bevölkerung umfassenden Mehrheit abgibt.
Aber die Unterscheidung war auch sicherlich ehrlich gemeint. Dohnanyi behauptete z.B., Ignatz Bubis könne Martin Walser »in seiner deutschen Klage schon deswegen nicht verstehen, weil in allem Erinnern an die Naziverbrechen, wie auch immer es vorgetragen oder dargestellt wird, für Ignatz Bubis niemals auch nur ein Nebenton von persönlichem Vorwurf zu spüren sein kann. Bubis ist Jude, für ihn als Deutschen beginnt die Verantwortung erst nach dem Holocaust. Er ist deutscher Staatsbürger, aber er kann niemals – und wer würde das von ihm auch verlan-

gen wollen! – sagen: Wir haben den Holocaust verschuldet!« Das ist zweifelsohne richtig; die Juden haben gewiß ihre eigene Narration des Holocaust, obgleich auch eine weniger einheitliche, als sie sich für Dohnanyi ausnimmt. Ob freilich bei allen »nichtjüdischen Deutschen« in ihrem Erinnern an die Naziverbrechen »ein Nebenton von persönlichem Vorwurf zu spüren« sei, mag mehr als bezweifelt werden, mithin auch, ob Walser die vorgebliche »deutsche Klage« vorgetragen hat, wenn mit »deutsch« nicht ein Lamentieren über das eigene Leid darüber, was man anderen angetan hat, gemeint sein soll. Denn daß »ein besonders schneller Fingerzeig auf Deutschland, ein gewisser Kollektivverdacht auf eine besondere Anfälligkeit vielleicht auch der Deutschen heute«, anzutreffen sei, »auch wenn in Deutschland nichts anderes passiert als in anderen Ländern«, ist zwar nicht angenehm und muß auch – wie denn alles undifferenziert Pauschalisierende – zurückgewiesen werden, ist aber auch nicht gar so unverständlich, gemessen daran, was deutsche »Anfälligkeiten« in diesem Jahrhundert angerichtet haben. Daß man sich zudem darüber beruhigt, daß »in Deutschland nichts anderes passiert als in anderen Ländern«, das Argument vermeintlicher »Normalität« also als Schutz vor auswärtigem Ressentiment hochhält, dürfte Dohnanyis – wiederum ehrlich gemeinte – Behauptung, daß die Schande »noch heute jeden einzelnen von uns als Deutschen« treffe, »wenn er (oder sie) ein nachdenkliches Gewissen hat«, zumindest suspekt erscheinen lassen. Denn wenn das Gefühl der »Schande« und das »nachdenkliche Gewissen« nicht nur die Grundausrichtung auf eine selbstbezogene Verantwortung anzeigen, sondern auch – und immer mehr, wie es scheint – als Schutzschild vor peinigenden Angriffen auf nämliches Gewissen fungieren sollen, dann entarten gerade sie zu jenem von Walser angeprangerten »Lippengebet«, welches die angeblich vom Gefühl der Schande angetriebene Erinnerung seinerseits instrumentalisiert. Wenn also Walser, wie Dohnanyi behauptete, »in der deutschen Schande für die Verbrechen vergangener Generationen seine eigene Verantwortung, sein selbstbestimmtes Gewissen bewahren« wollte; wenn seine Rede gleichwohl auch »die verständliche, ja notwendige Klage eines gewissenhaften nichtjüdischen Deutschen über das schwierige Schicksal, heute ein solcher Deutscher zu sein«, darstellen sollte – so sind beide Aussagen nicht ohne weiteres miteinander

vereinbar: Die hochgehaltene »eigene Verantwortung« und das »selbstbestimmte Gewissen« vertragen sich nur sehr bedingt mit der Befindlichkeitsklage über »das schwierige Schicksal, heute ein solcher Deutscher zu sein«. Gemessen an jenen »Verbrechen vergangener Generationen«, die doch den wesentlichen Grund für die rhetorisch immerfort beschworene »deutsche Schande« abzugeben hätten, wenn sie denn nicht zur allzeit herbeizitierbaren Floskel degenerieren soll, ist doch im heutigen Weltzustand besagtes »schwierige Schicksal« des zeitgenössischen Deutschen – gelinde gesprochen – eine Nichtigkeit.
Nun ist es bei jedem Klärungsversuch, der letztlich doch auf Parteinahme beruht, stets angeraten, genau darauf zu achten, mit welchen Mitteln dem offenbaren Bedürfnis nach harmonisierender »Versöhnung« nachgekommen wird, vor allem aber, welche Symmetrien dabei hergestellt werden. Für Dohnanyi, jüdisches und nichtjüdisches Bewußtsein hinsichtlich des Holocaust zurecht unterscheidend, kommen Deutsche nicht umhin, zu sagen: »Wir Deutsche haben das gemacht«. Ignatz Bubis hingegen »muß als Jude ein anderes Bewußtsein haben. Für ihn haben die Deutschen das getan«. Dieser schlichten Einsicht, die alles besagt und die notwendige Diskrepanz zwischen Walser und Bubis bündig bezeichnet, ließ er aber einen Nachsatz folgen: »Allerdings müßten sich natürlich auch die jüdischen Bürger in Deutschland fragen, ob sie sich so sehr viel tapferer als die meisten anderen Deutschen verhalten hätten, wenn nach 1933 ›nur‹ die Behinderten, die Homosexuellen oder die Roma in die Vernichtungslager geschleppt worden wären. Ein jeder sollte versuchen, diese Frage für sich selbst ehrlich zu beantworten.«
Nicht nur der schulmeisterliche Ton läßt aufhorchen. Zu fragen ist: Was genau soll mit der Versetzung des Opfers in die Lage des Täters bezweckt werden? Etwa die Relativierung der verbrochenen Tat, gar die durchs Gedankenspiel möglich werdende Entschuldung des Täters? Oder etwa doch nur die Nutzung der im Zuge abstruser Polemik sich bietenden Gelegenheit, das gerade noch so hochgelobte selbstbestimmte Gewissen fremdbestimmt zu entlasten? Wenn die historischen Opfer der abstrakten Austauschbarkeit der Opfer-Täter-»Rollen« ausgesetzt werden, dann werden auch das Gefühl der Schande, das Bewußtsein von Schuld und das plagende Gewissen zu Luxus-Instanzen der Psyche, verspielte

Anhängsel der Befindlichkeit, wobei die Angehörigen des Opfer-Kollektivs und die des Täter-Kollektivs durch vermeintliche Symmetrien schon nicht mehr nur latent gleichgesetzt werden, sondern es wird eine offene Fungibilität der »Rollen« (mithin der Schuld, der Schande und des Gewissens) suggeriert. Was da, nach Dohnanyis Auffassung, ein jeder versuchen sollte, »für sich selbst ehrlich zu beantworten«, ist schlicht und ergreifend unbeantwortbar: Wenn schon das lebensgeschichtlich geprägte heutige Bewußtsein eines Bubis und eines Walser inkompatibel sind, wie unverträglich muß da erst das durch Walsers Rede entsetzte Bewußtsein von Bubis mit der augenscheinlich apologetisch motivierten Zumutung an ihn sein, sich in die Lage seiner Verfolger zu versetzen, um für die nachmaligen Befindlichkeiten der Tätergeneration Verständnis aufzubringen. Es sei denn, Dohnanyi wollte mit seinem hypothetisch formulierten Nebengedanken etwas sehr Zentrales zum Ausdruck bringen: daß die »meisten anderen Deutschen« sich unter den damals herrschenden Bedingungen »normal« verhalten haben – eben nicht tapfer-, wobei die suggerierte Annahme, daß sich Juden nicht anders verhalten hätten, wenn sie nicht selbst von der Verfolgung betroffen gewesen wären, dazu dient, dieses »Normalitäts«-Postulat zu bekräftigen – die historischen Opfer werden gleichsam entopfert, um die Täter zu »normalisieren«. Was dann noch von Schuld und Schande, geschweige denn von Gewissen und Verantwortung, die kein »Lippengebet« sein wollen, übrigbleiben soll, muß einem ernsthaft erklärt werden. Bubis war denn auch rigide in seiner Antwort: »Ihre Unterstellung, daß Sie nicht wissen, wie die Juden sich verhalten hätten, wenn nach 1933 ›nur‹ die Behinderten, die Homosexuellen oder die Roma in die Vernichtungslager verschleppt worden wären, ist aus meiner Sicht bösartig.« [15] In seiner darauf folgenden Reaktion bestritt Dohnanyi, etwas »unterstellt« zu haben. Er habe lediglich »eine Gewissensfrage gestellt an jeden jüdischen Deutschen, der heute über die Menschen damals urteilt«. Dann parierte er Bubis' persönliche Äußerung ihm gegenüber mit ebenso persönlicher Attacke: »Nun haben Sie nach Walser auch mich mißverstanden; nach Walser (›geistiger Brandstifter‹) auch mich (›bösartig‹) gekränkt. Ich finde als Vorsitzender des Zentralrates der Deutschen Juden könnten Sie mit ihren nicht-jüdischen Landsleuten etwas behutsamer umgehen; wir sind nämlich alle verletzbar.«[16]

Daß es kommunikative Schwierigkeiten und Mißverständnisse gab, kann in der Tat nicht übersehen werden. Ob diese freilich nur von Problemen verbalen Verstehens herrührten, darf bezweifelt werden. Es ging um gleichsam »strukturelle« Diskrepanzen des Diskurses, welche in Anbetracht des lebensgeschichtlichen »Gepäcks« der nolens volens paradigmatisch auftretenden Protagonisten letztlich unüberbrückbar blieben, ja bleiben mußten. Daß angesichts der erregten Gesamtdebatte, die ja sehr bald über Walser und Bubis hinausging, Bubis wohl Walser und Dohnanyi »mißverstanden« haben soll, nicht aber sie (in ihrem Selbstverständnis) ihn, mutet merkwürdig an. Daß aber Bubis' (wie immer unbeholfener) Aufschrei leichterdings mit »Gekränktheit« und »Verletztheit« seiner »nicht-jüdischen Landsleute« abgeschmettert werden konnte, verweist bereits auf etwas Neues: Die biographisch geprägten Idiosynkrasien des Opfer-Überlebenden haben ihren öffentlichen Stellenwert sozusagen eingebüßt; die sich von jetztiger Befindlichkeit ableitenden Empfindlichkeiten der »nichtjüdischen Deutschen« dürfen ihnen neuerdings symmetrisch entgegengestellt werden. Da man ja, wie unentwegt beteuert, in einer »normalen« Gesellschaft lebt, kann dies nicht weiter verwundern. So sehr »normal« ist man mittlerweile im Umgang miteinander, daß die öffentlich proklamierte »Verletzbarkeit« der »nichtjüdischen Deutschen« den Ausschlag bei dem zuletzt erzwungenen modus vivendi (bzw. bei der Beendigung der »Kontroverse«) gab: Bubis mußte die »geistige Brandstiftung« zurücknehmen; Walser und Dohnanyi gaben sich unnachgiebig, gleichwohl nachsichtig generös.

* * *

Wie bereits mehrfach angedeutet, ist freilich die persönliche Kontroverse zwischen den hier angeführten Protagonisten von nur beschränktem Interesse. Denn wie Walser mit der ihm auf dem Bildschirm als unerträglich vorgeführten Welt umgeht, und ob er hat lernen müssen, wegzuschauen oder nicht, ist zunächst einmal seine Privatsache, die auch als solche gelöst werden kann: ein Knopfdruck auf die Fernbedienung würde schon genügen, um Auschwitz mit einer heiteren Familienserie zu vertauschen, bzw.

die »Welt« auf dem Bildschirm ganz und gar verschwinden zu lassen. Andererseits war auch Bubis` Reaktion, insofern sie sich als stellvertretend für das Entsetzen aller Holocaust-Überlebenden verstand, und er sich auch bemühte, auf ein Allgemeines hinzuweisen, nicht ganz unproblematisch: denkbar z.B., daß gerade viele Holocaust-Überlebende in Israel ihm das Recht abgesprochen haben würden, in ihrem Namen aufzutreten, schon allein, weil er in Deutschland lebt und jüdisches Gemeindeleben in Deutschland propagiert. Entsprechend gewinnt denn die Kontroverse ihre eigentliche Bedeutung weniger durch die (wie immer anrührenden) persönlichen Aussagen der Einzelpersonen, als vielmehr dadurch, was in ihnen gewissermaßen idealtypisch durchscheint; weniger durch die (wie immer individuell) vertretenen Positionen, als durch die starke Resonanz, die sie zeitigten; weniger also durch die Kontroverse als solche, als dadurch, worauf diese, über sich hinausgehend, verweist. Was ist es nun aber? Was hat sich in dieser mit solcher Emphase geführten Auseinandersetzung manifestiert? Natürlich kann man darüber zur Zeit nur spekulieren. Manches davon läßt sich jedoch schon jetzt mit einiger Sicherheit behaupten. Zum einen deutet sich im Diskurs eine Zeitenwende an: ein später öffentlicher »Großauftritt« der immer mehr im Schwinden begriffenen Opfer-Täter-Generation geht mit dem historisch signifikanten Beginn der sogenannten »Berliner Republik« einher. Zufällig in der zeitlichen Konvergenz, läßt sich doch ein strukturell suggestiver Konnex herstellen. Denn insofern mit der eigentümlichen personellen Besetzung der rot-grünen Koalition die Protagonisten eines, zumindest dem Augenschein nach, neuen politischen Diskurses an die Macht gelangt sind, kündigt sich damit auch eine prägnante, wenn auch nicht gerade offen proklamierte Reformulierung des herkömmlichen »Vergangenheitsbewältigungs«-Diskurses an. An diesem objektiv sich vollziehenden Wendepunkt tritt nun die alte Generation noch einmal auf, um die kodifizierten Vorgaben für den künftigen Diskurs gewissermaßen festzuschreiben. Daß dabei gerade die mittlere Generation, die in den 60er Jahren, wenn nicht gerade Auschwitz, so doch die »deutsche Vergangenheit« revoltierend auf die Agenda der bundesrepublikanischen Tagespolitik setzte, sich im Verlauf der Walser-Bubis-Kontroverse durch auffälliges Schweigen auszeichnete, kam der älteren Generation nur zupaß. Die schweizerische Literaturkritikerin Gunhild Kübler hat in diesem Zusammenhang eine bestechende These formuliert: »Im öffentlichen Ringen um die Deutungsautorität über die Vergangenheit greifen jetzt die Großväter an ihren einstmals rebellischen Söhnen und Töchtern vorbei, um sich mit den Enkeln zu arrangieren.«[17] Hinzuzufügen wäre freilich, daß, da die »einstmals rebellischen Söhne und Töchter« mittlerweile an die Macht gelangt sind und das neue Denken über Deutschland in absehbarer Zukunft praxisbezogen bestimmen werden, die Vermutung, daß diese Schicht nicht nur eine gewisse Indifferenz befallen habe, sondern daß die ihr entstammenden politischen Vertreter Walsers »innovative«, alte Diskurs-Restbestände aufräumende Ausrichtung befürworten, nicht ganz von der Hand zu weisen ist. Sie brauchen sich objektiv nicht mehr um die Vergangenheit zu kümmern; keiner wird gerade sie im Verdacht haben, etwas »beschweigen«, gar einen »Schlußstrich« ziehen zu wollen. Da die Biologie ihren eigenen Schlußstrich zieht, hebt sich die moralische (bzw. instrumentell moralisierende) Grundlage für die Kritik des (Be)schweigens quasi von selbst auf. Die Brisanz früherer Kollisionen zwischen Vertretern der Opfer-Täter-Generation bzw. des Grundkonflikts zwischen der Eltern-Generation und den »Söhnen und Töchtern« ist verflogen. Das mag die womöglich letzte vehemente Konfrontation zwischen Vertretern der Generation von Walser und Bubis erklären. Es mag auch das merkwürdig abgeklärt anmutende Sich-aus-der-Debatte-Heraushalten der einstmals Rebellischen beleuchten.[18]

Nicht minder relevant für diesen Zusammenhang ist – wie weiter oben angesprochen – Deutschlands objektiver Stand in der Welt. Daß Sein das Bewußtsein bestimmt, darf mittlerweile als selbstverständlich gelten, und Deutschlands ohnehin schon üppiges Sein hat sich im letzten Jahrzehnt nochmals fundamental verändert: Nicht nur der Zusammenbruch des sogenannten »real existierenden Sozialismus« im Osten und die politische Vereinigung der beiden deutschen Staaten, sondern vor allem das damit einhergehende immense Erstarken Deutschlands in Europa, mithin in der Welt, hat seine Position als Wirtschaftsmacht im Weltmaßstab so sehr gefestigt, daß das durch Interessen geprägte »Ansehen« des Landes sich der allerletzten Residuen von historisch mitgeschlepptem Image-Makel entledigen konnte. Objektiv gesehen, kann es sich Deutschland leisten, sein geschichtlich geprägtes Ansehen in der

Welt mehr oder weniger zu ignorieren. Demgegenüber kann es sich – zumindest was den kapitalistischen Weltmarkt anbelangt – kein Land der (pejorativ »erste« bzw. »zweite« genannten) Welt leisten, keine guten Beziehungen zu Deutschland zu haben. Was sich noch Anfang der 50er Jahre im Rahmen des mittlerweile wütenden Kalten Krieges als geopolitische Notwendigkeit ausnahm – der nur über die Reintegration Deutschlands in die »Völkergemeinschaft« zu bewerkstelligende Aufbau der BRD als »westliche Bastion« gegen den Kommunismus –, hat sich mittlerweile welthistorisch aufgehoben: Nicht nur braucht Deutschland nicht mehr »entnazifiziert« zu werden, es muß auch niemandem mehr etwas beweisen, keine Rechenschaft darüber ablegen, wie es seine Vergangenheit »bewältigt«, seine »Schande« und »Scham« verarbeitet und sein »Gedenken« gestaltet. Da sich die historische Funktion Deutschlands im Kampf gegen den Dämon des Kommunismus erledigt hat, fungiert es in der Welt des globalisierten Kapitalismus nur noch als das, was es ist: eine Weltmacht. Das Problem, von anderen nicht besonders »geliebt« zu werden, das dem »deutschen« Gemüt so zu schaffen macht und in den deutschen »Vergangenheitsbewältigungs«-Debatten immer wieder auftaucht, kann, genau besehen, nur unter dem Gesichtspunkt jener Neuralgie verstanden werden, die auch dem Walser-Bubis-Diskurs zugrunde lag: Zwar bestimmt Sein stets das Bewußtsein, aber das besagt noch lange nicht, daß das Bewußtsein es auch wahrhaben will. Eher ideologisiert es sich und stöhnt beschwörend: »Ich bin doch normal«. Das hat sein Gutes, denn die schmerzhafte Auseinandersetzung mit dem persistent wiederkehrenden Verdrängten kann nur heilsam wirken. Es wird allerdings so lange sein Schlechtes bewahren, wie sich das Wiederkehrende als Fetisch erhalten, die »Normalität« als Ideologie verfestigen und das, was not tut – das Hinschauen –, sich weiterhin in das eigene Gegenteil verkehren wird. Deutschland kann es sich heute objektiv leisten, das Gedenken dem Feuilleton zu überlassen. Wer will ihm da schon etwas anhaben? Man muß nicht annehmen, daß Walser solches in seiner Rede gewollt hat. Aber Bubis' paradigmatischen Aufschrei sollte man – vielleicht ein letztes Mal – Gehör schenken. Es ist eine Zeitenwende.

Anmerkungen

1 Wir brauchen eine neue Sprache für die Erinnerung, in: Frankfurter Allgemeine Zeitung, 14.12.98, S. 39.

2 Vgl. Detlev Claussen, Grenzen der Aufklärung, Frankfurt/M. 1994.

3 Bernd F. Lunkewitz, Lieber Herr Bubis, geben Sie nicht auf!, in: Der Tagesspiegel, 20.12.98, S. 8.

4 Karl-Heinz Hansen, in: Süddeutsche Zeitung, 18.12.98.

5 Martin Walser, Die Banalität des Guten, in: Frankfurter Allgemeine Zeitung, 12.12.98, S. 15. Die Rede enthielt weitere Motive; für die dann entbrannte Debatte waren indes die hier angeführten zentral.

6 Walter Jens nahm allerdings späterhin seine zustimmende Bewertung der Rede zurück. Matthias Altenburg, Deutschland, Gagaland, in: ZEIT-Magazin, 22.12.98, S. 7.

7 Dieses Problem soll hier nicht weiter erörtert werden, denn es geht ja im anstehenden Zusammenhang weniger um die positive Bestimmung der Autonomie bzw. des Wesens, als vielmehr um die negativ abgeleitete Heteronomie und ihre fremdbestimmten (ideologischen) Funktionen. Das Autonome wird also, wie schon gesagt, ohne weitere Begründung vorausgesetzt.

8 Dieser Gedanke soll an anderer Stelle wiederholt und ausgeführt werden. Es sei indes schon hier darauf hingewiesen, daß er letztlich die Gesamtausrichtung dieses Buches bestimmt.

9 Vgl. Mosche Zuckermann, Das »Trauma des Königsmordes«. Französische Revolution und deutsche Geschichtsschreibung im Vormärz, Frankfurt/M. 1989.

10 Theodor W. Adorno, Negative Dialektik, Frankfurt/M. 1982, S. 359f.

11 Ebd., S. 358.

12 Theodor W. Adorno, Was bedeutet Aufarbeitung der Vergangenheit, in: Gesammelte Schriften, Bd. 10/2 1977, S. 569.

13 Klaus von Dohnanyi, Eine Friedensrede, in: Frankfurter Allgemeine Zeitung, 14.11.98, S. 33.

14 Ignatz Bubis, Ich bleibe dabei, in: Frankfurter Allgemeine Zeitung, 16.11.98, S. 45.

15 Klaus von Dohnanyi, Wir sind verletzbar, in: Frankfurter Allgemeine Zeitung, 17.11.98, S. 43.

16 Gunhild Kübler, Das neue Selbstgefühl und die alte Schuld, in: Die Weltwoche, 10.12.98, S. 41.

17 Zu Stellungnahmen der heutigen jungen Generation in der und über die Kontroverse vgl.: Rupprecht Podszun, Geschlossene Gesellschaft, in: Süddeutsche Zeitung, 9.12.98;

18 »Zum Hinschauen verdammt«, in: Der Spiegel, Nr. 50 (1998), S. 236ff.; Kathis-Gesa Klafke, »Also doch Erbsünde?«, in: Der Spiegel, Nr. 53 (1998), S. 148f.

Von Lernprozessen und Apologie

Am Abend des 10. Dezember 1998 hielt Hans-Ulrich Wehler, weltweit renommierter deutscher Historiker, einen Vortrag im Wissenschaftskolleg zu Berlin. Titel des Vortrages: »Nationalsozialismus und deutsche Historiker« – ein zweifellos brisantes Thema, das, in Verbindung mit besagtem Renommee des Vortragenden, für einen außergewöhnlich großen Publikumszulauf sorgte: Alles, was in Berlin – wie man so sagt – »Rang und Namen« hatte, fand sich im großen Kolloquiumraum und in den anliegenden Nebenräumen des Kollegs ein.

Die Brisanz des Themas barg auch eine persönliche Dimension. Einige Zeit zuvor hatte sich herausgestellt, daß Historiker, die in der alten Bundesrepublik großes Ansehen genossen und eine Zeitlang die historiographische Landschaft regelrecht beherrschten, zentrale Motive und Gedanken der nationalsozialistischen Ideologie nicht nur befürwortet und befördert hatten, sondern darüber hinaus auch »mit den Taten der Nazis, erst mit der Siedlungs-, dann mit der Bevölkerungs- und dann in gewissem Sinne eben auch mit der Ausrottungs- und Vernichtungspolitik« weit mehr verknüpft gewesen waren, »als wir es uns bisher gedacht hatten«, wie es Wolf Lepenies, Rektor des Wissenschaftskollegs und Moderator der Veranstaltung, resolut formulierte.[1] Herausragende Beispiele dafür waren Theodor Schieder und Werner Conze. Auf dem 42. Deutschen Historikertag 1998 war diese »Entdeckung« thematisiert und (zumindest in der Fachwelt) publik gemacht worden. Und da Hans-Ulrich Wehler – hier nun das Persönliche – mit besagten Historikern sehr vertraut gewesen war (1960 hatte er bei Theodor Schieder promoviert), richteten sich sozusagen »aller Augen« auf ihn: wie würde er reagieren? Nicht von ungefähr meinte Lepenies, Wehler werde es wohl »nicht leichtfallen können, darüber zu sprechen«. Er machte aber auch auf das »intellektuelle Skandalon« aufmerksam: Man könne »die sogenannte Volksgeschichte ja durchaus als eine bestimmte moderne Variante der Geschichtsschreibung« in den dreißiger und in den vierziger Jahren sehen; diese Volksgeschichte habe auch ihren Einfluß auf die Sozialgeschichte ausgeübt, »für die dann unter anderem Hans-Ulrich Wehler steht«. Das Persönliche, so ließe sich diesen einleitenden Worten entnehmen, geht mit gewissen verschlungenen, über die Einzelperson hinausführenden Pfaden der Historiographiegeschichte einher. Gleichwohl, trotz der unverblümten Formulierung des Heiklen an Wehlers Situation, begnügte sich Lepenies nicht mit dieser, sondern gab Wehler, in seiner Einleitung, einige Fragen mit auf den Weg, die – wenn sie denn beantwortet worden wären – nicht nur die persönliche Dimension dieser öffentlichen Veranstaltung auf den nämlicher Dimension angemessenen Umfang eines Minimums hätten reduzieren helfen mögen, sondern darüber hinaus auch substantiellen, nämlich Grundsätzliches klärenden Gewinn hätten zeitigen können. Es lohnt sich im hier erörterten Zusammenhang Lepenies' eigenen Wortlaut voll zu zitieren:

»Die erste Frage betrifft sozusagen den deutschen Fall. Es fällt schon auf, so finde ich, ohne daß mir Zahlen zur Verfügung stünden, wie wenig es in Deutschland, mit Ausnahme des Freiburger Kreises und einiger anderer Beispiele, einen dezidierten Widerstand im akademischen Milieu gab, wenn man es etwa mit Frankreich vergleicht; etwa mit dem Musée de l'homme, an dem sich richtige Widerstandszellen bilden, oder mit einer Person wie Georges Canguilhem, dem großen Wissenschaftshistoriker, der im militanten Pazifismus Alains erzogen wird und 1940 den – wie ich finde, denkwürdigen – Satz schreibt: ›Jetzt wußte ich, daß die Zeit für den Pazifismus vorüber war‹, und sich in den bewaffneten Widerstand begibt. Könnte es so sein, daß das deutsche akademische Milieu der Ausbildung von Zivilcourage, die wohl auch etwas mit civil society zu tun hat, besonders wenig förderlich ist?

Zweitens, ein Spezifikum vielleicht der Historie. Es ist doch eigentümlich, daß die Geschichtswissenschaft Entdeckungen der Art, wie sie auf dem 42. Deutschen Historikertag gemacht wurden, so spät macht, eigentlich ja sehr viel später als andere Disziplinen. Könnte es sein, daß die Disziplin, die sich doch professionell mit Erinnerung und mit dem Gedächtnis beschäftigt, auch besonders gut dafür geeignet ist, zu vergessen und zu verdrängen?

Und drittens, ein Spezifikum der Intellektuellengeschichte. Ein Beispiel aus meinem eigenen Fach, der Soziologie. Als ich 1968 nach Berlin kam, las mein akademischer Lehrer Dieter Claessens über Arnold Gehlen. Ich war Lehrstuhlassistent und mußte die Lehrveranstaltungen besuchen. Ich saß zwischen den Studenten; vor mir saßen zwei, der eine sagte: ›Arnold Gehlen, wer ist denn das?‹ Der zweite sagte: ›Irgend so ein Faschist‹. Darauf legte der erste sein Notizbuch bei Seite – jetzt brauchte er nicht mehr mitzuschreiben.

Was uns doch besonders stört, auch an diesem Fall, denke ich, ist die Tatsache, daß kognitive Innovationen sich durchaus mit moralischen Regressionen verbinden können. Das ist das große Skandalon für uns als Intellektuelle. Wir haben gelernt, daß dies der Fall sein kann in der ästhetischen Moderne; in der wissenschaftlichen Moderne scheint es uns noch immer Schwierigkeiten zu machen, diesen Tatbestand zu akzeptieren. Ich denke, wir können gespannt darauf sein, wie Hans-Ulrich Wehler auch mit diesem Problem fertig wird«.

Lepenies legte in der Tat den Finger auf drei zentrale Fragen, deren Allgemeines sich am Fall Schieder-Conze besonders gut paradigmatisch erörtern läßt. Ob nämlich das deutsche akademische Milieu »der Ausbildung von Zivilcourage besonders wenig förderlich« sei, hat nicht nur mit der historischen Frage der auf Staatsloyalität ausgerichteten Integration der gesamten deutschen akademischen Sphäre in den im 19. Jahrhundert unter großen Schwierigkeiten sich herausbildenden Nationalstaat zu tun – ein Integrationsmuster, in dem noch die latente Funktion des Weberschen Postulats der Werturteilsfreiheit in den Wissenschaften nachhallt –, sondern darüber hinaus auch mit dem doch recht eigentümlichen Selbstverständnis des deutschen Intellektuellen, mithin seiner allgemeinen Stellung in der Gesellschaft.[2] Deutsche Historiker waren an der deutschen Märzrevolution von 1848 maßgeblich beteiligt; deutsche Historiker haben sie aber auch zu Grabe getragen, als sie ihnen »zu radikal« wurde. Deutsche Historiker waren es dann, die dem vor Antisemitismus nur so strotzenden Nationalchauvinismus wissenschaftlich und publizistisch das Wort redeten; und sie waren es auch – wie eben Conze und Schieder, aber auch noch viele andere, weniger bekannte –, die sich der Vereinnahmung durch das System auch noch dann freiwillig hingaben, als sich dieses bereits zum Mordsystem im Weltmaßstab entwickelt hatte. Es handelt sich natürlich nicht um alle deutschen Historiker (zumal ja nicht wenige durch das Spezifische ihres Fachs aus dem aktuell Kontemporären flüchten konnten); aber eben doch um so viele und so eminente, daß man von einem politisch-mentalen Muster zu reden geneigt ist. Was es also mit besagtem »Milieu« und seiner Entfaltung im deutschen bürgerlichen Zeitalter auf sich habe, ist eine klärungsbedürftige Frage, die sich erst recht stellt, wenn es um dermaßen eklatante Verstrickungen im Dritten Reich geht wie im Falle von Schieder und Conze.

Damit hängt auch Lepenies' zweite Frage zusammen. Ob nämlich die Disziplin, die sich professionell mit Erinnerung und Gedächtnis beschäftigt, sich auch besonders gut dafür eigne, zu vergessen und zu verdrängen, ist keineswegs eine nur polemisch gemeinte Frage, sondern betrifft in der Tat immanente Dimensionen des Faches. Daß es mit Rankes hoffnungsschwangerem »Wie-es-eigentlich-gewesen« längst nicht mehr zum Besten bestellt ist, dürfte spätestens seit der wissenssoziologischen Erkenntnis hinsichtlich der gesellschaftlichen Bedingtheit allen Wissens klar geworden sein. »Gesellschaftlich« meint dabei zunächst nicht die konkreten Produktionsbedingungen von Wissen, sondern sein durch die Heterogenität der sozialen Standorte bedingtes Ideologische: Nicht nur ist der objektive (historische) Tatbestand durch die Vielfalt seiner Darstellungsmöglichkeiten immer schon partikular »eingefärbt«, mithin durch das die Darstellung bestimmende Paradigma in eine gewisse spezifische Bedeutung eingezwängt, sondern im Diskurs vorwaltende Dominanzverhältnisse sind durchaus dazu gemacht, Wissen zu marginalisieren, gar zu verdrängen bzw. vergessen zu lassen. Dabei spielt es eine eher untergeordnete Rolle, ob und inwieweit konspirative Absichten und Vorhaben der Diskursteilnehmer am Werk sind. Das Ideologische am Ab- und Verdrängen von (historischen) Narrationen bezieht ja seine Brisanz gerade daraus, daß es sich gleichsam hinter dem Rücken der Rezipienten zuträgt. Daß also Ludwig XVI. am 21. Januar 1793 enthauptet worden ist, kann und soll nicht in Zweifel gezogen werden; ob er allerdings dabei schlicht »hingerichtet« oder eben weniger schlicht als »König ermordet« bzw. als »Tyrann bestraft« worden ist, dürfte eher standortgebunden sein. Daß aber der jeweilige »Mord«- bzw. »Bestrafungs«-Diskurs in bestimmten geschichtlichen Phasen ganz von der historiographischen Bildfläche verschwinden kann, hat schon mit je aktuellen Macht- und Herrrschaftsinteressen zu tun, die über dieses oder jenes historiographische Paradigma insoweit hinausgehen, als sie die Handhabung des Diskurses für ihre Zwecke instrumentalisieren können. Von nicht zu unterschätzender Bedeutung ist da in der Tat, daß die professionellen Sachwalter dessen, was (kollektiv) erinnert werden soll, im Besitz des beruflichen Instrumentariums und kulturellen Kapitals sind, das Unliebsame bzw. Verstörende schlicht durch seine Nichtbehandlung verschwinden zu lassen. Insofern mag es weit mehr als nur »eigentümlich« sein, daß »die Geschichtswissenschaft Entdeckungen der Art, wie sie auf dem 42. Deutschen Historikertag gemacht wurden, so spät macht, eigentlich ja sehr viel später als andere Disziplinen«.

Den gewichtigsten Aspekt des hier erörterten Zusammenhangs thematisierte Lepenies jedoch mit seiner dritten Frage, die sich auf die Tatsache, daß »kognitive Innovationen sich durchaus mit moralischen Regressionen verbinden können«, bezog. Leicht gewendet, läßt sich diese Frage als das Problem möglicher Diskrepanz zwischen objektivem Wahrheitsgehalt von Wissen und subjektiver moralischer Verworfenheit des Autors nämlichen Wissens formulieren bzw. – schlichter noch – als das Problem der Trennung von Werk und Person. Daß dabei sowohl der Bereich der Wissenschaft (allgemeiner: begrifflichen Wissens) als auch der des unbegrifflich Ästhetischen der Kategorie »kognitive Innovation« subsumiert wird, ist durchaus bedeutsam. Denn zumindest was den umfassenden Kulturbegriff der Moderne und deren (bürgerliche) Heroisierung des geistig schaffenden Individuums anbelangt, läßt sich das Problem der Trennung von Werk und Person in der Tat an Begriffsmenschen wie Martin Heidegger oder Carl Schmitt, aber eben auch an Kunstschaffenden wie Richard Wagner oder etwa Louis-Ferdinand Céline exemplifizieren: Nicht nur bleiben Schmitts gewichtiger Beitrag zur Erörterung der sogenannten »Politischen Theologie« und Heideggers epochale Leistung als Philosoph des Existentialismus von ihrer (wie immer stark oder schwach ausgeprägten) Affinität zum Nationalsozialismus zunächst unberührt, sondern auch Wagners Rassenantisemitismus bzw. der Judenhaß Célines, der in seiner ausnehmend krankhaften Vehemenz selbst den Ekel eines als Nazi-Funktionär in Paris amtierenden Ernst

Jünger erregte, verweisen keineswegs auf ihre nun wahrhaft herausragenden Kunstleistungen; entsprechend hat ihr Kunstschaffen ihre außerkünstlerische (moralische) Verworfenheit nicht zu moderieren vermocht. Die Trennung von Person und Werk ist, unter diesem Gesichtspunkt, nicht nur analytisch zu rechtfertigen, sondern erweist sich letztlich als nahezu unabkömmlich, wenn man es sich nicht mit großen Teilen (westlichen) historischen Kulturschaffens »verderben« möchte.

Eine solche Argumentationslinie hätte durchaus auch Hans-Ulrich Wehler bei seinem Vortrag zur Verfügung stehen können. Denn das, was Lepenies als ein »intellektuelles Skandalon« apostrophierte (die Volksgeschichte als möglichen historischen Vorläufer der Sozialgeschichte), vermag die nachmalige Sozialgeschichte nicht wesenhaft zu belasten, mithin auch nicht die akademisch intellektuelle Leistung Schieders und Conzes in der Nachkriegszeit. Wüßte man nicht um ihre schockierende Verstrickung im Nationalsozialismus, ließe es sich schwerlich an ihren späteren Texten ausmachen – ein nahezu exemplarisches Beispiel für die notwendige Trennung von Werk und Person. Darüber hinaus hätte sich Wehler der moralisch-psychischen Dimension der öffentlichen Auseinandersetzung mit dem in der Tat höchst problematischen Sujet dadurch entziehen können, daß er schlicht »eingestanden« hätte, ihm fiele der zu bewerkstelligende »Vatermord« – die publike »Ermordung« des Andenkens seines Doktorvaters – schwer; zwar wüßte man nicht, warum dies unbedingt im öffentlichen Raum stattzufinden hätte, aber Verständnis hätte man dafür allemal aufbringen können. Wer kann schon von sich behaupten, lebensgeschichtlich determinierte Loyalitäten ohne weiteres aufkündigen zu können? Diese Möglichkeiten nahm Wehler nun aber gerade nicht wahr.

* * *

Wehlers Vortrag war gut strukturiert.[3] Um drei Streitpunkte drehte sich für ihn die während des Deutschen Historikertags an die Öffentlichkeit gelangte Diskussion. Zum einen stehe im Vordergrund »die bisher weithin unbekannte, von ihnen (Schieder und Conze) selber angestrengt verhüllte ›braune‹ Vergangenheit dieser

Historiker« und die Weise, wie sie mit dieser nach der Zäsur von 1945 umgegangen seien. Zum zweiten stehe »die Einstellung von einigen ihrer ›Schüler‹ zu dieser Vorgeschichte« zur Debatte; sie hätten »über diese Vergangenheit ihrer ›Väter‹ wissentlich geschwiegen«. Zum dritten werde, da einige dieser »Schüler« an der Entwicklung der westdeutschen Sozialgeschichte beteiligt gewesen seien, um deren »Herkunft aus der sogenannten ›Volksgeschichte‹ vor 1945« gestritten: »Da diese Vätergeneration auf die nationalsozialistische ›Volksgeschichte‹ gesetzt und diese wegen der nach 1945 politisch opportunen Sprachkosmetik flugs auf ›Sozialgeschichte‹ umgetauft habe, stammten die aus ihrem Umfeld hervorgegangenen Sozialhistoriker der 60er und 70er Jahre im Grunde aus ›brauner‹ Wurzel«. Wehler verzichtete zunächst darauf, diese Streitpunkte direkt anzugehen. Vielmehr wollte er sie in den »allgemeinen Zusammenhang mit unseren Gedächtnis- und Erinnerungsproblemen« gesetzt sehen, was ihn wie folgt argumentieren ließ:
»Es kommt nicht häufig vor, daß Völker sich ihren eigenen Verbrechen stellen. Im internationalen Vergleich kann sich da die Bundesrepublik, aufs Ganze gesehen, durchaus sehen lassen. Niemand konnte glauben, daß aus einem Volk von Millionen Tätern und Abermillionen von Mitläufern 1945 über Nacht eine Versammlung geläuterter Demokraten werden würde. Daß aber nun ein schmerzhafter, mühseliger, angestrengter Lernprozeß zur Einsicht in die eigene Vergangenheit und ihre Dimensionen des Massenmordes, damit aber auch zu einer standfesten selbstkritischen Erinnerung führen könne – darauf konnte, ja mußte man hoffen. Darauf beruhte auch der emphatische Aufklärungsimpetus der Geschichtswissenschaft, besonders der Zeitgeschichte, die auf diese kritische Überprüfung der eigenen Vergangenheit, auf diese Selbsterforschung weithin erfolgreich insistiert hat. Insgesamt, scheint mir im Rückblick, hat dieser Lernprozeß viel bewirkt – nicht nur die innere Bejahung und die Stabilität der zweiten deutschen Republik, sondern auch ein selbstkritisches historisches Bewußtsein, das ständig wachgehalten werden muß, um etwa jene offene Diskussionen zu bestehen, die wir jetzt führen und die unvermeidbar weiter auf uns zukommen.«
Wehler hatte zweifelsohne recht mit seiner Behauptung, die Bundesrepublik könne sich hinsichtlich ihrer langjährigen Auseinandersetzung mit der verbrecherischen deutschen Vergangenheit

»durchaus sehen lassen«. Nichts wäre unzutreffender, als dies abzusprechen oder gar – wie in Israel nicht selten pauschalisierend behauptet – zu postulieren, die Vergangenheit werde in Deutschland verdrängt. Es gab in der Tat einen – seit den 60er Jahren gesteigerten – »emphatischen Aufklärungsimpetus«, und zwar nicht nur den der Geschichtswissenschaft, sondern auch den anderer Geistes-, Sozial- und Kulturwissenschaften sowie der massenmedialen Publizistik. Es entfaltete sich, so besehen, in der Tat ein »Lernprozeß«, eine für Wehlers weitere Argumentation zentrale Kategorie. Zu fragen wäre freilich, auf wen sie anwendbar sei? Ist die in der alten Bundesrepublik nur allmählich herausgebildete allgemeine politische Kultur, welche dem allzu frühzeitig proklamierten »anderen« Deutschland erst eigentlich die Berechtigung dieses seines Attributs gab, auf jeden einzelnen ihrer nachmalig als solche gerühmten Protagonisten übertragbar? Wenn es nicht nur ein Lippenbekenntnis sein soll, daß niemand glauben konnte, daß »aus einem Volk von Millionen Tätern und Abermillionen von Mitläufern 1945 über Nacht eine Versammlung geläuterter Demokraten werden würde« – und wer könnte schon etwas anderes behaupten? –, so muß man sich zumindest die Möglichkeiten offenhalten, daß bei vielen, vielleicht den allermeisten, der vorgebliche Prozeß des Lernens nichts anderes war, als der schlichte, weniger heroische, gewissermaßen »natürliche« Vorgang opportuner Anpassung: Es war die Macht des Faktischen, die Realität des in Trümmern liegenden Deutschlands, welche an den weichenstellenden Prädispositionen zum wirklichen Lehrmeister der Entwicklung in den nachfolgenden Jahrzehnten (mithin der Entwicklung besagter politischen Kultur) wurde. Denn schon kurz nach der Befreiung von Auschwitz (aber eben auch lange bevor die Auseinandersetzung mit dessen zivilisatorischen Bedeutung auch nur im Ansatz begonnen hatte) wurde das »andere Deutschland« konzipiert, und zwar als die (im Zuge des zu diesem Zeitpunkt bereits ausgebrochenen Kalten Krieges) vom Westen gegenüber dem »Vorstoß des Kommunismus« in Mitteleuropa zu errichtende, mithin die Interessen des Kapitals wahrende »Bastion der Demokratie«. Um diese Funktion einnehmen zu können, mußte freilich Deutschland (d.h. das Deutschland der von England, Frankreich, vor allem aber von den USA besetzten Zonen) in die sogenannte »Völkergemeinschaft« (wieder)aufgenommen werden. Hierfür waren gewisse Maßnahmen notwendig. Nicht nur wurde mit dem Marshallplan die infrastrukturelle Grundlage für die materielle Etablierung besagten »anderen Deutschlands« geschaffen, auch die symbolische Basis des »Anders-geworden-Seins« wurde sogleich in die Wege geleitet: Zum einen liquidierte man im Rahmen der Nürnberger Prozesse die prominenten Überreste der nazistischen Führungsspitze; zum anderen initiierte man jenen pauschal betriebenen Entnazifizierungsprozeß, der sowohl den nahezu nahtlosen Übergang der alten Nazi-Eliten aus der Wirtschaft, Justiz, Wissenschaft und teilweise auch aus der Politik in die neue Bundesrepublik, als auch das ideologische Bewußtsein, nunmehr geläutert bzw. »anders« – oder eben »entnazifiziert« – zu sein, ermöglichte. Als besondere Errungenschaft konnte dabei die mit den Wiedergutmachungsabkommen von 1952 juristisch abgeschlossene Legitimation der sich als Materialisierung der Sühne ausnehmenden Entschädigung gelten: implizierte sie doch sowohl die das »andere Deutschland« legitimierende Interaktion mit den Vertretern der Opfer, als auch die Verlagerung der Auseinandersetzung mit dem jüngst Geschehenen in die Sphäre der Verdinglichung und des Tauschs. Noch ehe die spätere Debattenkultur um die Auseinandersetzung mit der Vergangenheit sich in Deutschland bis zum Exzeß entfaltete, war schon die materielle Grundlage für die zukünftige »Versöhnung« mit den Überlebenden, vor allem aber für die erneute Aufnahme Deutschlands in den Schoß der »Völkergemeinschaft« gelegt worden. Daß diese Integration Deutschlands in den Westen nicht nur den glatten Übergang der Deutschen vom Schrecken der Weltkatastrophe zur verdrängenden Zuversicht des Wirtschaftswunders bediente, sondern auch im geopolitischen Interesse der USA (bzw. des von ihnen geführten Westens) im neuentstandenen Blocksystem lag, macht den instrumentalisierenden Charakter der »westlichen Dimension« der Auseinandersetzung der Deutschen mit ihrer Vergangenheit aus. Wer und wieviele dabei opportunistische Mitläufer im besagten »Lernprozeß« waren, wäre also zumindest in Zusammenhang mit ehemals ausgewiesenen Nazis stets akribisch zu prüfen.

Genau dies wollte Wehler (»in mancher Hinsicht paradigmatisch«) unternehmen, nämlich das von ihm sobenannte »schwierige Verhältnis von ›brauner‹ Vergangenheit und neuem Lebensabschnitt nach 1945, von ideologischer Verblendung und Lernbereitschaft«

an zwei Wissenschaftlern – Schieder und Conze – erörtern. Um dies leisten zu können, lieferte er zunächst einen Abriß der historischen-intellektuellen-mentalen Bedingungen für die Entwicklung der Generation dieser Wissenschaftler. Einen entscheidenden Ausgangspunkt habe die traumatisierende Erfahrung der Weltkriegsniederlage 1918 gebildet. Was im allgemeinen Zustand des Zerfalls des Staates weiterhin Kontinuität verbürgen konnte, sei »das ›deutsche Volk‹, in gleich welcher staatlichen Form« gewesen. Diese Überzeugung habe »fugenlos an ältere Volks- und Volkstumsvorstellungen« angeknüpft, Impulse, die während der Weimarer Republik durch die Ablehnung des neuen Staates noch verstärkt worden seien. Von Bedeutung war dabei, daß die »mystifizierte Größe« des »deutschen Volkes« weit verstanden wurde, nämlich »als Bevölkerung des ›Deutschen Reiches‹, aber auch als das ›österreichische Deutschtum‹ und die Diaspora des gesamten Grenz- und Auslanddeutschtums. Dabei wurden die ›Volksdeutschen‹ in ihren Siedlungsgebieten zwischen Baltikum und Banat mit ihrer angeblich authentischen ›deutschen Lebensart‹, fern vom ›zersetzenden‹ Einfluß der westlichen Moderne, geradezu als Kern eines künftigen ›reinen Deutschtums‹ idealisiert«.

In der Sphäre der Wissenschaft haben diesbezüglich einige Faktoren eine Rolle gespielt: Zum einen das »leidenschaftliche Engagement für die historische Mission des ›deutschen Volkes‹ auf einem Tiefpunkt seiner historischen Existenz« gepaart mit der »wissenschaftlich progressiven Interdisziplinarität« verschiedener am Projekt beteiligter geistes- und sozialwissenschaftlicher Disziplinen. Zum anderen die »Ausstrahlung starker, politisch und sozialtheoretisch aber dogmatisch festgelegter Lehrerpersönlichkeiten«, wie der Demograph Gunther Ipsen, der Soziologe Hans Freyer oder der Historiker Hans Rothfels, »das Idol junger Historiker wie Schieder und Conze«. Nicht von ungefähr habe also die »Volksgeschichte« zusehends junge Historiker angezogen: »Von ihr ist offenbar seit den späten 20er Jahren eine große Faszination ausgegangen, da sie die Bevölkerungs-, Sozial-, Wirtschafts-, Sprach-, Siedlungs- und Verfassungsgeschichte auf einem neuartigen interdisziplinären Niveau mit hochaktuellen politischen Aufgaben zu kombinieren versprach«. Zu denen, auf welche die »Volksgeschichte« diese Faszination ausübte, gehörten auch Conze und Schieder.

Ehe Wehler jedoch speziell auf sie einging, wies er auf den allgemeinen ideologischen Zusammenhang von »Volksgeschichte« und Nationalsozialismus hin: »Das fatale Dilemma der ›Volksgeschichte‹ liegt für uns unabweisbar auf der Hand. Seit 1933 wurde der ältere – anfangs nicht notwendig rassistische, eher sozialromantische – Volkstumsbegriff durch die verhängnisvolle völkisch-rassistische Chimäre des ›Volkes‹ verdrängt. Historische Konflikte wurden zum Kampf um die ›Reinhaltung deutscher Art‹, als Verteidigung des ›deutschen Volksbodens‹ stilisiert. Und gleitend, bei einigen durchaus tatkräftig, ergab sich der Übergang zur Unterstützung der nationalsozialistischen Volkstumspolitik, selbst in der Gestalt der Umsiedlung und Vertreibung der ›fremdnationalen‹ Kontrahenten.« Hierauf basierend stellte Wehler sodann fest: »Zum ›Schreibtischtäter‹ wurde man da im Nu, denn man wirkte durch die Sprache aus dem ›Wörterbuch des Unmenschen‹ und damit durch ein regimekonformes Denken an dem Absenken der zivilisatorischen Hemmschwellen, an der pseudowissenschaftlichen Legitimierung der inhumanen Politikpraxis des Regimes mit«. Mehr noch: »Wer sich einmal überzeugt auf Volkstumspolitik und völkische ›Volksgeschichte‹ eingelassen hatte, konnte offenbar der rassistischen Aufladung der ›Volksgeschichte‹ und ihrer Indienstnahme durch die Diktatur keinen glaubwürdigen Widerstand entgegensetzen – und wollte es im allgemeinen auch gar nicht. Die Überlappung der ›volksgeschichtlichen‹ Ziele mit nationalsozialistischen Intentionen wuchs sich schnell zu einer breiten Konsenszone aus.«
Wehlers Rhetorik nimmt sich an dieser Stelle wie eine eigentümliche Mischung aus Gewißheit und Unbestimmtheit aus. Daß sich der Übergang zur Unterstützung der nationalsozialistischen Volkstumspolitik »gleitend« ergeben haben soll, suggeriert, daß es sich nicht um einen reflektierten Willensakt der je handelnden Person gehandelt habe, sondern vielmehr um ein tappsendes Hineingeraten in eine gleichsam freischwebende Ideologie des Bösen, die da nur »wartete«, daß jemand an ihr haften blieb. Bedenkt man aber, daß schon damals die Rede von »Umsiedlung« und von der »Vertreibung der ›fremdnationalen‹ Kontrahenten« war, so muß man sich zumindest fragen, was sich diese Menschen – späterhin, wenn nicht bereits damals, allesamt ausgewiesene intellektuelle Kapazitäten – unter solchen Begriffen konkret vorstellten. Und gemessen daran,

daß es doch die prinzipielle Möglichkeit gab, das Inhumane solcher Kategorien für sich selber nicht zu akzeptieren, mag man sich auch fragen, ob ihre Übernahme nicht eben doch durchaus reflektierte, subjektiv befürwortete, mithin für wahrheitsgerecht gehaltene Gesinnung war. Es läßt sich natürlich behaupten, daß die Auswirkung von Ideologien nicht durch individuelle Willensentscheidungen vermittelt sei, sondern sich vielmehr, gleichsam »hinter dem Rücken« der handelnden Personen, eben als strukturbedingte Verblendungszusammenhänge und objektive soziale Konstellationen notwendigen falschen Bewußtseins manifestiere. Eine solche Sichtweise »entlastet« zwar das handelnde Individuum, sozusagen als »Opfer der Umstände« (wobei freilich stets zu klären ist, warum es unter den gegebenen Umständen immer auch solche gibt, die sich dem vermeintlichen Determinismus der Opferwerdung zu entziehen vermögen); sie entlastet aber mitnichten die Ideologie. Wenn es also stimmt, daß »wer sich einmal überzeugt auf Volkstumspolitik und völkische ›Volksgeschichte‹ eingelassen hatte«, einer »rassistischen Aufladung der ›Volksgeschichte‹ und ihrer Indienstnahme durch die Diktatur keinen glaubwürdigen Widerstand entgegensetzen« konnte, mithin das Potential der »rassistischen Aufladung der ›Volksgeschichte‹« eingestanden wird, kann zweierlei zumindest prinzipiell nicht ausgeschlossen werden: zum einen die potentielle Aufladung der in der Nachkriegsära konzipierten Sozialgeschichte mit Kategorien der (potentiell rassistisch aufgeladenen) »Volksgeschichte« (eben das, was Wolf Lepenies mit der Feststellung auf den Punkt brachte, daß das »intellektuelle Skandalon« unter anderem darin liege, »daß man die sogenannte Volksgeschichte ja durchaus als eine bestimmte moderne Variante der Geschichtsschreibung sehen kann in den dreißiger und in den vierziger Jahren, und diese Volksgeschichte hat auch ihren Einfluß ausgeübt auf die Sozialgeschichte«); zum anderen das latente Fortwirken dieser Kategorien bei den »Vätern«, wenn schon nicht bei den »Schülern«, der Sozialgeschichte, womit der von Wehler beanspruchte Begriff des »Lernprozesses« zumindest in Frage gestellt werden kann. Daß man »im Nu« zum »Schreibtischtäter« wurde, muß also entweder an der individuellen Willensentscheidung des zum »Schreibtischtäter« Gewordenen oder eben an dem weit über das Bewußtsein von »Vätern« und »Schülern« wirkenden ideologischen Potential der »Volksgeschichte« liegen.

Wehler ging es aber zunächst um die genaue Erörterung der heiklen Frage, »wohin das Engagement für die ›Volksgeschichte‹ und eine von ihr inspirierte Politikberatung tatsächlich geführt haben«. Er begann seine Darlegung mit dem intellektuellen Porträt des 1908 geborenen Theodor Schieder. Als 22jähriger Student hätte er noch den »massendemokratischen« Charakter des Nationalsozialismus sowie dessen Ideal des »omnipotenten« Staates abgelehnt. Fünf Jahre später (also 1935) habe sich diese anfängliche Distanz jedoch verringert; da habe Schieder bereits einem im Rahmen der »Volksgeschichte« herauszuarbeitenden »Volkstumskampf« das Wort geredet. Bei der 1940 als Buch erschienenen Habilitationsschrift (»Deutscher Geist und ständische Freiheit«) habe es sich um eine »auf der Linie von Rothfels' volkstumspolitisch inspirierte Geschichtsschreibung« gehandelt, konzipiert als eine »historisch fundierte Verteidigung des deutschen Anspruchs auf das 1918/19 an Polen abgetretene Westpreußen«. Wehler zeigte, wie Schieder, dem »anachronistischen Ständewesen« anhängend, »den Kampf um traditionale ständische Sonderrechte in einen geradezu zukunftsorientierten, explizit auf das nationalsozialistische ›Volksgruppenrecht‹ verweisenden Kampf« umdeutete.
Bei allen im Vortrag zitierten (und hier nicht referierten) Stellen aus Schieders Veröffentlichungen zwischen 1934 und 1944 handelt es sich mehr oder weniger um Ideologeme, die in den hier grob skizzierten Rahmen gehören. Mehr als diese im Vortrag präsentierten Stellen haben sich, Wehler zufolge, aber auch nicht finden lassen. Folglich befaßte er sich bei der weiteren (mit großer Akribie und Sachkenntnis vorgenommenen) Rekonstruktion von Schieders Karriere vor 1945, um »die Art der Politikberatung, zu der Schieder durch die Maxime der ›kämpfenden Wissenschaft‹ geführt wurde«. Er berichtet über das am 28.9.1939 in Breslau stattgefundene Treffen einiger – alle aus dem Umfeld der »Volksgeschichte« stammender – Historiker, die zusammengekommen waren, »um mit ihrer fachwissenschaftlichen Kompetenz die Siedlungsplanung der künftigen deutschen Polenpolitik in vorauseilendem Gehorsam zu beeinflussen«. Schieder habe dabei die Aufgabe übernommen, die Protokollnotizen zu einer Denkschrift auszuarbeiten. Die aus der von Schieder herausgegebenen Schrift zitierten Schlagworte widerspiegeln plastisch die vom nationalsozialistischen Jargon nur so durchsetzte Denk- und Handlungsausrichtung

besagter Historiker, für die Schieder hier stellvertretend angeführt wird: Es ging um »Wiedergutmachung von offenkundigem politischem Unrecht«, der »brutalen Entdeutschungspolitik der Polen, die zu einer beispiellosen Vernichtung des deutschen Volkstums« und »seines Lebensraums geführt« habe. Bei der »Neuordnung« sei »die Sicherung deutschen Volksbodens im Osten durch eine geschlossen siedelnde (...) deutsche Bevölkerung« und die »klare Abgrenzung« von »polnischem Volkstum, die die Gefahren (...) rassischer Vermischung vermeidet«, zu gewährleisten. »Bevölkerungsverschiebungen allergrößten Ausmaßes« seien längerfristig notwendig. Zu den »Sofortmaßnahmen« zählten hingegen »Enteignung« und »Ausweisung aller (...) zugewanderten Polen« sowie die »Wiedereindeutschung« besagter osteuropäischer Gebiete. Der dabei »zu erwartende polnische Auswandererstrom« sei in die »Überseewanderung« zu lenken, denn die »Abwanderung in den polnischen Reststaat« ermögliche sich nur dann, wenn gleichzeitig die »Herauslösung des Judentums aus den polnischen Städten« gelinge: »Die Entjudung Polens« und der »Aufbau einer gesunden Volksordnung erfordern den Einsatz deutscher Mittel und Kräfte« – darauf habe Schieder in der Denkschrift nochmal insistiert.

Was es mit der »Entjudung Polens« nicht allzu lange Zeit darauf praktisch auf sich haben sollte, konnte Schieder 1939 wohl kaum schon wissen; aber recht hatte Hans Mommsen, als er auf dem Frankfurter Historikertag resolut deklarierte: »Es handelt sich hier nicht um Affinitäten von Historikern zum Nationalsozialismus – dies ist der Nationalsozialismus! «[4] Daß also die Planer der von Heinrich Himmler ab Oktober '39 geleiteten Behörde des »Reichskommissars für die Festigung Deutschen Volkstums« – die »die radikalste Variante nationalsozialistischer Bevölkerungspolitik in Osteuropa zu realisieren begann«, wie Wehler euphemistisch bemerkte – offenbar nicht mehr der »Politikberatung durch aktivistische ›Volkshistoriker‹, deren beflissene Vorschläge, so kompromittierend Gemeinsamkeiten des Gedankenhaushalts auch waren, als generelle ›Planungsmatrix‹ (Roth) hätten dienen können«, bedurften, ändert nichts daran, daß sie hätten in Anspruch genommen werden können, wenn man ihrer bedurft hätte, weil die »Gemeinsamkeiten des Gedankenhaushalts« eben nicht nur »kompromittierend« waren (was noch eine Affinität zum Nationalsozia-

lismus suggerieren könnte), sondern die genuine rassistische Ideologie für »die radikalste Variante nationalsozialistischer Bevölkerungspolitik in Osteuropa« realiter boten – mithin »der Nationalsozialismus« waren. Daß, wie Wehler selbst hinzufügte, die Denkschrift vom Oktober 1939 kein Einzelfall war, Schieders »Landesstelle« vielmehr in den folgenden Jahren weitere Gutachten im Hinblick auf die »ethnische Flurbereinigung« erarbeitete, deutet darauf hin, daß das Bedürfnis, aktiv mit von der Partie zu sein (eben als Protagonist einer »kämpfenden Wissenschaft« am nationalsozialistischen Projekt mitzuwirken) immer noch anhielt, als schon weniger Zweifel darüber sein durfte, in was die »Entjudung Polens« letztlich ausarten würde.
Dies sei nur als prinzipielle Bemerkung hinzugefügt, denn Wehler selbst erwies sich, wie bereits gesagt, als äußerst gewissenhaft bei der Rekonstruktion der nazistischen Vergangenheit beider von ihm erörterten Personen. So auch bei der etwas kürzer gehaltenen Behandlung des 1910 geborenen Werner Conze. Wie Schieder, sei auch Conze von Hans Rothfels stark geprägt, zugleich aber auch unter den Einfluß Gunther Ipsens, der sich (unter anderem) »mit dem offenherzigen Rassismus des überzeugten Nationalsozialisten gegen die ›Herrschaft des Judentums‹ stemmte«, geraten. Die Stationen dieses spezifischen Einflusses wurden von Wehler exemplarisch dargelegt. Etwa die 1938 geäußerte Bezeichnung Wilnas als ein »Zentrum des Weltjudentums«; die vorgebliche »Macht dieses Fremdkörpers« sei trotz dessen Schwächung »immer noch unerträglich«. In einer Schrift über die »ländliche Überbevölkerung Polens« habe er gar unverblümt die »Entjudung der Städte und Marktflecken« gefordert, um für den polnischen »bäuerlichen Nachwuchs« Raum zu schaffen. Zu der wie bei Schieder auch hier auftauchenden Kategorie der »Entjudung« bemerkte Wehler: »Zugegeben, der Begriff besaß in der politischen Semantik vor Auschwitz einen anderen Stellenwert, eine ›quasi unschuldige Vokabel‹ der demographischen Experten war er aber keineswegs. Denn weder in der deutschen noch in der osteuropäischen Diskussion, wo das Wort auch kursierte, konnte es von einem giftigen Antisemitismus abgelöst werden. Der unverhohlenen Diskriminierung der Juden entsprach folgerichtig auch bei Conze die europäische Verklärung des ›erbgesunden Bauerntums‹ als ›Blutquells des deutschen Volkes‹.« Wehlers Frage, ob es daher nicht auch bei

Conze um »eine Begriffs- und Interessenidentität, um eine Affinität von Handlungszielen in jener Überlappungszone von nationalsozialistischem Ideenkonglomerat und Gedankenwelt der ›Volksgeschichte‹« gehe, ist also – von seiner eigenen Konzeption her betrachtet – als eher rhetorisch zu verstehen; von Hans Mommsens Begriffswelt her gesehen, war dies eben nicht bloße »Affinität von Handlungszielen in jener Überlappungszone von nationalsozialistischem Ideenkonglomerat und Gedankenwelt der ›Volksgeschichte‹«, sondern es waren die ausgesprochenen Handlungsziele des Nationalsozialismus, die sich dann schnell genug in Tathandlungen umsetzen sollten. Zu klären bliebe nur das nicht mehr Klärbare: Wie sich Conze wohl verhalten hätte, wenn er – gesetzt, er habe, wie so viele andere, von nichts gewußt – erfahren hätte, wie sich das »Handlungsziel« der »Entjudung« in den frühen 40er Jahren de facto gestaltete. Daß er noch im März 1944 zum außerplanmäßigen Professor ernannt wurde, läßt da einige Vermutungen aufkommen.

Wehler ging auf diese Frage ein. Wenn das NS-Regime ein Dutzend Jahre länger bestanden hätte, meinte er, wäre von der Position der »Volksgeschichte« weder ein »Rationalitätspotential für kritische Einwände« mobilisierbar, noch »ein auch nur halbwegs plausibler Widerstand gegen die Zwangsumsiedlung und Rassenpolitik, gegen Antisemitismus und Slawophobie möglich oder sogar nur denkbar« gewesen. Zudem bemerkte er, daß ein von einer seinerzeit »gemäß unserem gegenwärtigen Kenntnisstand« informierten Entnazifizierungskommission gegen Schieder und Conze verhängtes Berufsverbot nicht wirklich hätte verwundern können. Dies ist bekanntlich nicht geschehen: »Statt dessen wurde beiden, wie vielen aus ihrer Generation eine zweite Chance eingeräumt« (nachdem sie die erste ihnen kurz zuvor gebotene mit solch merklichem Erfolg zu nutzen gewußt hatten, sollte man wohl hinzufügen).

Hier setzte Wehler nun mit dem zweiten großen Teil seines Vortrags an. Nachdem er die eklatante Verstrickung beider Historiker im Dritten Reich so offen rekonstruiert und dargelegt hatte, erhob sich die Frage, wie er mit ihrer Laufbahn nach 1945 umgehen würde. Wehler hätte sich zu diesem Zeitpunkt mit einem schlichten – wenn man will: »wertfreien« – before-and-after-Modell begnügen und die Beurteilung, wie man das after im Verhältnis zum before

zu beurteilen habe, den Zuhörern überlassen können. Er entschied sich indes für einen anderen Weg. Daß Schieder und Conze nach 1945 geschwiegen haben, wurde keineswegs in Abrede gestellt, sondern sogar begründet: »Angst« und »Scham« und eine aus diesen resultierende »tiefe Hemmung« sollen dabei eine Rolle gespielt haben; nicht gerade überraschende – auch keine, wie Wehler meinte, »tiefer verankerte« – Motive, aber immerhin Motive. Auch ein Hauch von Kritik wurde beigefügt: Eine »selbstkritische Offenherzigkeit« der beiden (gerade entnazifizierten) Ex-Nazis hätte ihnen u.a. »eine andere innere Freiheit verschafft, nach 1945 erneut als Hochschullehrer vor jüngeren Generationen zu lehren und für sie zu schreiben«. Wichtiger als das »praktizierte Schweigen« zu kritisieren und für eine »rückhaltslose Aufklärung« einzutreten, ließ er alsbald vernehmen, sei gleichwohl die Frage, »wie tiefgehend Historiker wie Schieder und Conze nach 1945, vor ihrer Aufstiegsphase umgelernt haben«. Warum gerade dies wichtiger sein soll, begründete Wehler freilich nicht. Zu vermuten ist, daß es da etwas zu retten gilt, wovon noch zu reden sein wird, vor allem aber darüber, welcher moralische Preis für eine solche »Rettung« offenbar gezahlt werden muß.
Daß bei Schieder und Conze nach 1945 eine »in vielfacher Hinsicht eindrucksvolle fast 40jährige Schaffensperiode« folgte, »die durch eine ungewöhnlich erfolgreiche Wirksamkeit als Lehrer und Forscher, die imponierende wissenschaftliche Leistung des eigentlichen Lebenswerks, die Liberalität im Umgang mit sehr unterschiedlichen Jüngeren, die auffälligen Organisationserfolge, auch das politische Engagement beim Aufbau eines neuen deutschen Staates charakterisiert ist«, ist in der Tat unbestreitbar, gleichwohl auch hinlänglich bekannt, braucht also im folgenden nicht weiter belegt zu werden. Das »eigentliche Problem bei der Beurteilung dieser Wissenschaftler« hat Wehler prägnant genug selber formuliert: »Wie setzt man die rund zwölf Jahre der ›volksgeschichtlichen‹ Vergangenheit samt ihren politischen Präferenzen in ein glaubwürdiges Verhältnis zum Lebenswerk und politischen Verhalten in einer viermal so langen Zeitspanne danach? Für manchen gegenwärtigen Kritiker steht das moralische Pauschalurteil offenbar fest: Einmal braun kontaminiert, für immer diskreditiert. Gibt es aber wirklich kein Gegengewicht zu jener großen Belastung, die aus den Jahren des ›Dritten Reiches‹ stammt?« An dieser Stelle

folgte dann eine weitere Frage, die letztlich als Kulminationspunkt des gesamten Vortrages gelten darf: »Wieviele Jahrzehnte muß man ein honoriges Leben führen, um diese Jahre zwar nicht wettzumachen, aber doch zu relativieren? Wieviele Millionen Bundesbürger standen diesen Fragen gegenüber?«
Wieviele Millionen Bundesbürger diesen Fragen gegenüberstanden, wird man wohl nie feststellen können: Zu schnell wurden solche Fragen in den 50er Jahren durch die Wonnen des über »die Bundesbürger« gekommenen »Wirtschaftswunders« überlagert; zu unvermittelt – gemessen an der gerade erst verursachten Menschheitskatastrophe – wurden ihnen die materiellen Grundlagen für »ein honoriges Leben« geschenkt, als daß »viele Millionen« sich den Kopf hätten darüber zerbrechen wollen, was genau es damit auf sich hat, daß man so schnell und unter solchen phantastischen Bedingungen wieder ein »honoriges Leben« führen kann. Die mit der hurtigen »Entnazifizierung« einsetzende, im schnellen Übergang zum »anderen Deutschland« sich fortsetzende und im »honorigen Leben« abgeschlossene historische Verkürzung des Ausgangs aus dem Zivilisationsbruch hallt noch in Wehlers Worte eigentümlich nach: Wie man die »rund zwölf Jahre der ›volksgeschichtlichen‹ Vergangenheit samt ihren politischen Präferenzen« – »politischen Präferenzen«? – in ein »glaubwürdiges Verhältnis zum Lebenswerk und politischen Verhalten in einer viermal so langen Zeitspanne danach« setzt, ist – gelinde gesagt – keine Frage buchhalterischen Rechnens, sondern die des unsäglichen Unheils, das man dank gewisser »politischer Präferenzen« im gedrängten Zeitraum von »rund zwölf Jahren« bzw. in dem noch gedrängteren der drei oder vier Jahre zwischen 1942 und 1945 an prominenter Stelle mitverursacht hat. Entsprechend ist die Frage, wieviele Jahrzehnte man ein honoriges Leben führen muß, »um diese Jahre zwar nicht wettzumachen, aber doch zu relativieren«, offenbar eine Frage des Tauschwerts von Millionen und Abermillionen von Menschenleben: Es gibt solche, die ihren Seelenfrieden nach einer kurzen »Entnazifizierungskommission« gefunden haben; andere sind mit ihrer Schuld ein Leben lang nicht zurechtgekommen. Eines läßt sich gleichwohl mit Gewißheit sagen: Kein noch so »honoriges Leben« hat jemals auch nur einen Deut der Unsäglichkeiten jener zwölf Jahre »wettzumachen« oder auch nur zu »relativieren« vermocht. Die als »Wiedergutmachung« materia-

lisierte Sühne hat ihre Gültigkeit in der Sphäre der unter Staaten instrumentell ausgehandelten Beziehungen und Geschäften. Sie hat in der existentiellen Sphäre der eigentlichen Protagonisten dessen, was es da »wiedergutzumachen« gilt, nie etwas »wettgemacht«. Denn die Frage ist doch, von welcher Perspektive man das »Gegengewicht zu jener großen Belastung, die aus den Jahren des ›Dritten Reiches‹ stammt,« bzw. die »Honorigkeit« eines Lebens als eine Art »Schadenabwicklung« anerkannt haben will: Für einen Ex-Nazi, der einst der »Entjudung Polens« das Wort redete, stellt sich das Problem vermutlich anders dar als für den Shoah-Überlebenden, der die »Entjudung Polens« lebensgeschichtlich als die Ausrottung seiner Familie zu erfahren hatte. Und auch für den deutschen Geschichtsprofessor, der besagte Aufrechnung anbietet, nimmt sich die Angelegenheit vermutlich anders aus als für den Sohn eines Auschwitz-Überlebenden, der sich im Berlin des Jahres 1998 anhören muß, wie das Schicksal von Millionen Opfern seines Volkes zum Tauschwert in der apologisierenden Bilanzierung des Lebens dessen, der die »Entjudung Polens« mitkonzeptualisierte, verkommt. Schieder und Conze sind noch zu Lebzeiten für ihr »honoriges Leben« reichlich honoriert worden; man schuldet ihnen nichts, schon gar nicht die nachmalige Entschuldung ihres Engagements im NS-Regime (es sei denn, man steht in ihrer Schuld; dann sollte man aber lieber darüber reden, anstatt die Frage zu generalisieren und das zur Debatte stehende moralische Problem zum abstrakten Rechenexempel degenerieren zu lassen).

Nun kann man freilich einwenden, daß das nazistische Engagement beider Historiker kein wirkliches Verbrechen darstelle: Sie haben letztlich nicht eigenhändig gemordet und selbst die von ihnen angebotene »Politikberatung« ist infolge der von Himmler vorgenommenen administrativen Neuordnung beim Vollzug der »radikalsten Variante nationalsozialistischer Bevölkerungspolitik« überflüssig geworden. Das ist in der Tat eine heikle Frage. Zweifelsohne ist Schieders und Conzes Schuld mit der Himmlers, Höß' oder Eichmanns nicht vergleichbar. Ob damit allerdings vollends geklärt ist, wo die relevante individuelle Verstrickung in der Etablierung eines Systems, das die Himmlers und Eichmanns als seine Sachwalter hochkommen läßt, beginnt und wo sie endet, sei dahingestellt. Wenn Hans Mommsen feststellt, es handle sich bei Schieders und Conzes Wirken nicht um Affinitäten zum Nationalsozialismus, sondern um den Nationalsozialismus selbst, dann weist er darauf hin, daß etwas von dem, was das Wesen des Nationalsozialismus ausmacht, mithin sein Verbrecherisches, eben auch an diesen beiden Historikern haftet. Und wenn sich dieses an ihnen Haftende prinzipiell durch ein späteres »honoriges Leben«, wenn schon nicht ganz »wettmachen«, so doch »relativieren« läßt, dann muß man sich auch die komplementäre Frage gefallen lassen: Wieviele Jahrzehnte hätten Himmler, Eichmann oder Höß ein honoriges Leben führen müssen, um die Jahre zwischen 1933 und 1945 zwar nicht wettzumachen, aber doch zu relativieren? Das Paradigma des Tauschwerts kennt da keine grundsätzliche kategoriale Unterscheidung.

Wenn also Wehler in der Beantwortung der von ihm aufgeworfenen Fragen daran ging, die »glaubwürdige Lernbereitschaft« und das (»weit über die übliche Anpassung hinaus« reichende) »reflexive Lernen« Schieders und Conzes in der Zeit nach der Zäsur von 1945 nachzuweisen, so konnte es sich nur um die Würdigung der nicht in Zweifel zu ziehenden Leistung dieser Wissenschaftler handeln, keinesfalls aber um ein »glaubwürdiges Verhältnis«, gar ein »Gegengewicht« zur ihrer verbrecherischen Vergangenheit, geschweige denn um deren Relativierung. Keiner dieser Männer habe »dem Nationalsozialismus auf irgendeinem Gebiet nachgetrauert«, keiner sei »ein Rechtsradikaler, ein offener oder geheimer Neonazi geworden«. Das war natürlich sehr schön von ihnen, aber irgendwie auch keine sonderlich große Tugendleistung (zumal es sich nach 1945 halt doch lohnte, alldem nicht mehr nachzutrauern). Darum ging es Wehler aber auch gar nicht, sondern um die »wichtigere« Frage, »ob so einflußreiche Historiker wie Schieder und Conze ihre Prämissen – in unserem Jargon: ihre erkenntnisleitenden Interessen –, ihre Schlüsselkategorien, ihre Denkfiguren, die Paradigmata ihrer Interpretation über den Einschnitt von 1945 hinaus beibehalten oder seither aufgegeben haben«. Wie nicht anders zu erwarten, erwies sich letzteres als das zutreffende Ergebnis der Untersuchung. Es reicht hin, Wehlers abschließende Urteile wiederzugeben, ohne hier auf die Einzelheiten der Erörterung einzugehen. Für Werner Conze heißt es: »Kurzum, in den gut 30 Jahren bis zu seinem Tod (1986) entstand ein eindrucksvolles Lebenswerk, das den ursprünglichen ›Wertehimmel‹ der Königsberger Jahre weit hinter sich gelassen hat.« Über Theodor Schieder meinte er, daß er rückblickend dazu neige, »auch dieses Bemühen um eine theoretische und methodische Klärung der Kategorien und Paradigmata als einen durchaus politischen Lernprozeß zu deuten«. Zusammenfassend für beide Historiker heißt es dann: »Insgesamt läuft mein Urteil über Schieder und Conze in den 40 Jahren nach 1945 darauf hinaus, ihnen sowohl Lernbereitschaft als auch Lernfähigkeit zuzusprechen. Werden dagegen die Lernprozesse dieser Jahre nicht angemessen anerkannt, läßt sich ein gerechtes Urteil kaum fällen«, wobei sich Wehler durchaus darüber im Klaren war, daß Gerechtigkeit »ein komplexes Entscheidungskriterium« sei, »das Verstehen und Kritik verbinden muß.« Das ist wohl wahr, nur sollte man nicht vergessen, daß »verstehen« keinesfalls auch »verzeihen« garantiere; anders ausgedrückt: die Frage ist, ob man um des Verstehens willen versteht oder um Apologie zu betreiben. Der Gesamtduktus des Wehlerschen Vortrags, insbesondere die ihn durchwirkende buchhalterische Attitüde, deutet aufs zweite hin: der Lernprozeß als Apologie des Ex-Nazis. Nicht daß Wehler sich anderer bei der »Gerechtigkeit« als »Entscheidungskriterium« zu bedenkender Faktoren nicht bewußt gewesen wäre: Es verlange »nicht nur ein abwägendes Urteil über die extrem unterschiedlichen Lebensphasen dieser Individuen«, sondern erfordere auch, »die Opfer der nationalsozialistischen Bevölkerungs- und Rassenpolitik einzubeziehen, da ihnen gegenüber weder die ›Volksgeschichte‹ noch die beflissene Politikberatung in den Stand einer artifiziellen Unschuld versetzt werden können«. Zudem verlange es, »an jene rund 135 deutschen Historiker zu denken, die seit 1933 in die Emigration vertrieben worden sind, häufig eine durchaus vergleichbare Sozialisation im protestantischen Bildungsbürgertum, in der bündischen Jugend, in der Nachkriegszeit erlebt hatten und dennoch andere Maßstäbe und Denkmöglichkeiten besaßen als die ›Volkshistoriker‹«. Es ist schon frappant, was hier alles auf eine gemeinsame Ebene bemüht wird: die »extrem unterschiedlichen Lebensphasen« der zu beurteilenden Historiker, die »Opfer der nationalsozialistischen Bevölkerungs- und Rassenpolitik« und die »rund 135« von den Nazis in die Emigration vertriebenen Historiker, die sich vom NS-Regime haben nicht vereinnahmen lassen. Merkte Wehler nicht, daß seine Worte bei genauem Hinhören das unangenehme Gefühl eines Lippenbekenntnisses aufkommen lassen mußten? Denn wie meinte er die von ihm kurz erwähnten »Opfer« in sein Gerechtigkeitskriterium »einbeziehen« zu können? Was heißt »einbeziehen«? Kam ihm denn nicht in den Sinn, daß die leichterdings konzipierte Gegenüberstellung von den »extrem unterschiedlichen Lebensphasen« Schieders und Conzes und der sich der Kategorie »Leben« entziehenden Unmasse der »Opfer der nationalsozialistischen Bevölkerungs- und Rassenpolitik« die Auswirkungen nämlicher »Rassenpolitik« und deren zivilisatorische Monstrosität trivialisierten, zum zynisch polemischen Argument verkommen ließen? Wie kann man die Opfer vor Augen haben und überhaupt noch in Begriffen wie »Gerechtigkeit« den Tätern, ihren Helfern oder auch nur Helfershelfern gegenüber reden?

Die Wahrheit ist, daß Wehler sehr wohl wußte, was er da sagte, denn er selber kam auf die hier erhobenen Einwände zu sprechen: »Wenn ein moralisch siegessicherer Purismus sich einer solchen Gewichtung wegen der monströsen Dimension des nationalsozialistischen Massenmords versagt, sieht er sich einem fatalen Dilemma gegenüber, da das Problem zerrissener Lebenswege und multipler Identitäten unverändert große Aktualität besitzt und nach einem abwägenden Urteil verlangt.« Was dann kam, muß in aller Ausführlichkeit zitiert werden: »Um nur zwei Beispiele zu nennen: Wie steht es zum einen mit jener berühmten Gruppe marxistischer Historiker in England, mit Koryphäen wie E.P. Thompson, Eric J. Hobsbawm, Christopher Hill, Rodney Hilton, Jack Gallagher, die mit ihrer Forschungsleistung und ihren stimulierenden Anregungen die Entwicklung auf weiten Feldern der Geschichtswissenschaft positiv beeinflußt haben? Meint jemand ernsthaft, daß die beiden Jahrzehnte zwischen 1936 und 1956, als sie offensichtlich ›Gläubige‹ waren, für immer gegen sie zählen? Und wie sollen wir mit der ideologischen Totschlagkeule umgehen, die ja schon geschwungen wird, daß sie am Marxismus zu einer Zeit festhielten, als die Berufung auf dieses Ideensystem im sowjetischen Staatskommunismus dazu führte, daß Millionen von Menschen durch die Exekutoren einer inhumanen Utopie ihr Leben verloren? Warum kann man den verstaatlichten Marxismus im Gehäuse einer totalitären Diktatur nicht aufs schärfste kritisieren, aber trotzdem anerkennen, zu welchen Leistungen ein aufgeklärter Marxismus diese englischen Historiker befähigt hat – bis hin zu den produktiven Folgen der Auseinandersetzung, als sie sich von der Orthodoxie abwandten?« Mehr noch: »Und wie sollen wir zum anderen all jenen osteuropäischen und besonders ostdeutschen Geistes- und Sozialwissenschaftlern begegnen, die aus Überzeugung oder wegen des Verbots von Alternativen auf das intellektuelle Potential des Marxismus gesetzt haben, während die Satrapen der Sowjetunion und diese selber unter Berufung auf die Lehre von Marx mordeten, verfolgten, unterdrückten? Man wird doch nicht allen Ernstes mehreren politischen Generationen mit einem Pauschalvorwurf wegen ihres Marxismus jede Lernbereitschaft und Lernfähigkeit hochmütig absprechen können. Wer sich gegen die Zumutung eines Spagats zugunsten von Schieder, Conze und ihren Generationsgenossen sträubt, sollte sich zumindest Klarheit darüber verschaffen, wie er sich zu solchen Beispielen stellen will.«

Das war nun eine wahrhaft neue Dimension der bisherigen Argumentation. Sich in die ideologische Tradition einreihend, die sich von der im Westen der 50er Jahre während des Kalten Krieges konzipierten Totalitarismustheorie, die generell jeglichen Links- und Rechtsradikalismus in einen konzeptuellen Topf warf, über das Ernst-Noltesche Denkmodell der 80er Jahre, das die Unsäglichkeiten des Nationalsozialismus mit der Bedrohung durch den sowjetischen Bolschewismus relativiert wissen wollte, bis hin zur der in der Folge der Vereinigung der beiden deutschen Staaten in den 90er Jahren erfolgten Ersetzung der »braunen« durch die »rote Vergangeneheit« durchzog (und offenbar immer noch zu durchziehen vermag), griff auch Wehler auf diesen bewährten Taschenspielertrick zurück, um seiner Lernprozeß-These Stringenz zu verleihen. Daß er dabei die selbstgefällige Pose des die einst »gläubigen« Marxisten vermeintlich abschirmenden, rhetorisch Indignierten einnahm (»Meint jemand ernsthaft, daß die beiden Jahrzehnte zwischen 1936 und 1956, als sie offensichtlich ›Gläubige‹ waren, für immer gegen sie zählen?«), geschah nicht, weil er die Parallele für abwegig hielt (sie kam ihm ja in den Sinn; er hätte sie sich auch sparen können), sondern weil es ihm darum ging, den »historisch feinsinnigen Historisten zugunsten eines gewesenen Nazis«[5] mit größtmöglicher Schlagkraft zu positionieren, und zwar so, daß er mit dem Marxisten den »gewesenen Nazi« vermittels des beiden aufgestülpten »Lernprozesses« herausschlagen konnte.

Wehler muß doch wissen, daß man als Marxist vehementer Kritiker des sowjetischen Regimes sein konnte, ohne dabei die marxistische Kritik des Kapitalismus auch nur im geringsten revidieren zu müssen (er sagte es ja selbst, wenn auch in polemischer Absicht). Man kann aber schlechterdings kein Nationalsozialist sein und zugleich dem NS-Regime abschwören: Während sich der Marxsche Kommunismus noch nirgends in der Welt manifestiert hat – der sogenannte »real existierende Sozialismus« war ja keiner –, hat sich der Hitler-Staat als das vollzogen, was er von Anbeginn zu werden versprach. Ob dabei auch Auschwitz a priori mitkonzipiert war, spielt zunächst keine Rolle: Die innere Logik der nationalsozialistischen Ideologie konnte ein Auschwitz aus sich heraus entstehen lassen; der Logik der Marxschen Klassenkampftheorie inhäriert der Gulag mitnichten. Vielleicht ist es an der Zeit, sich wieder ins Gedächtnis zu rufen, daß der Marxismus eine Theorie der Emanzipation des Menschen von den historisch entstandenen sozialen Strukturen der Ausbeutung, der Unterdrückung und der Entfremdung bietet, wohingegen der Nationalsozialismus seinem Wesen nach eine Ideologie der (auf dem Führerprinzip basierenden) Herrschaft, der Rassenhierarchie, des Antisemitismus, der »Volkshygiene«, der realen Verfolgung und Ausrottung des abstrakt konzipierten »Feindes« darstellt. Daß zudem »die beiden Jahrzehnte zwischen 1936 und 1956« in einer ganz bestimmten Absicht thematisiert wurden, ohne dabei auch nur zu erwähnen, wer letzten Endes am meisten geblutet hat, um die Nazi-Barbarei zu bekämpfen und zu besiegen, entspricht ganz und gar dem (nicht nur in Deutschland grassierenden) Zeitgeist.

Man kann natürlich einwenden, daß es sich letztlich gleich bleibt, was eine Idee, eine Lehre, eine Theorie im Ursprung meint; allein die Tatsache, daß man in ihrem Namen Verbrechen begehen kann (bzw. konnte), zähle, und diese reiche schon hin, um sie zu diskreditieren. Man sollte dann aber konsequent bleiben: Im Namen des Christentums sind Menschen ermordet worden; im Namen des Islams ist gemetzelt worden; im Namen des Abendlandes (oder der »westlichen Zivilisation«) sind Völker unterdrückt worden. Vor allem aber: im Namen des seit geraumer Zeit nicht mehr so benannten, mal als Liberalismus, mal als Neoliberalismus, mal als Zivilgesellschaft, mal als Globalisierung auftretenden, gleichwohl stets zäh fortwaltenden Kapitalismus sind Generationen über

Generationen von Menschen ausgebeutet, unterdrückt, geschunden und auch ermordet worden. Daß unter seiner Obhut sowohl der von ihm seinerzeit getragene Nationalsozialismus als auch der ihn bekämpfende Marxismus (bzw. Kommunismus) als gleichsam symmetrische Feinde attackiert werden können, gehört zur feinsinnigen Ironie der Geschichte, macht aber auch die immanente Logik seiner Ideologie aus. Gleichwohl stellt sich die Frage, ob eine im Mißbrauch der Idee ihr Wesen erblickende, mithin alle historisch begangenen Mißbräuche in Verhältnis zueinander setzenden Weltsicht sich nicht dazu eigne, Auschwitz solchermaßen zu relativieren, daß sie sich selbst als neuerlicher Mißbrauch, namentlich als eine die Monstrosität heteronom instrumentalisierende Ideologie erweisen mag. Das soll hier aber nicht weiter verfolgt werden.

Nachdem er noch einmal lapidar zusammengefaßt hatte: »Vor 1945: die Anfälligkeit auch dieser Historiker für völkische Ideen (...) Nach 1945: ein schmerzhafter, aber doch überzeugender Lernprozeß«, beendete Wehler seinen Vortrag mit folgenden Worten: »Dieses Vertrauen auf Lernbereitschaft wird mancher als aufklärerische Illusion belächeln. Aber da es sich doch auf unsere Erfahrungen stützt, erhält es uns die Hoffnung, daß wir, sofern wir nur diese Lernwilligkeit bewußt erhalten, selbst mit dem ›Zivilisationsbruch‹ seit 1933 in den Grenzen des für die Nachlebenden Menschenmöglichen umgehen und auch all jenen Zumutungen widerstehen könnten, die uns eine – letztlich einem nationalistischen Abwehrreflex entspringende – Zurückdrängung der öffentlichen Erinnerung und die Regression in das exotische Traumland der ›Normalität‹ anraten.« Zumindest in diesem letzten Satz kam also doch noch der alte Wehler, der bekannte »kritische Historiker«, zum Vorschein. Der ganze »alte Wehler«? Gustav Seibt, der in der »Berliner Zeitung« über die Veranstaltung berichtete, schrieb über folgende Reaktion aus dem Publikum: Die Historikerin »Marianne Awerbuch stand auf und erklärte: ›Sie tun mir leid für Ihre Doktorväter‹. Ihr und ihren Freunden sei seit 1932, seit den Morden von Potempa, klargewesen, um wen es sich bei den Nazis handelte; ›man mußte nur ihre blutrünstigen Lieder hören, um das zu erkennen‹. Wehlers Antwort: Es sei nicht sehr human, Menschen auf ihre zwanziger Jahre zu fixieren, zum Beispiel einen Maoisten der Zeit um 1968 dafür auf Lebenszeit zu bestrafen. Die ungeheuerliche Parallele zwischen einem Revolution spielenden Studenten, der mit öffentlichen Aktionen seine Berufsaussichten ruiniert, und einem Professor, der mit geheimen menschenmörderischen Gutachten Karriere macht, wurde nur im Hintergrund des Saals gebührend gewürdigt. Doch gewiß wird sich die Fachwelt noch gern an den Historikerstreit vor zehn Jahren erinnern, in dem ein konservativer Historiker wie Andreas Hillgruber auch von Wehler geächtet wurde, weil er es gewagt hatte, die stalinistischen mit den NS-Verbrechen zu vergleichen.«[6]

* * *

Es sollte vielleicht an dieser Stelle hervorgehoben werden, daß Wehlers Anliegen[7] für den hier erörterten Zusammenhang im Grunde von nur beschränktem Interesse ist. Denn ob Schieders und Conzes »Ehre« sich retten läßt oder nicht, spielt, wie gesagt, für den Stellenwert ihres Œuvres in der bundesrepublikanischen Nachkriegsära letztlich keine nennenswerte Rolle. Es gab, wie Jürgen Kocka zurecht meint, »in der Geschichtswissenschaft – und auch in der Sozialgeschichte – keine Stunde Null. Das Erbe von vor 1945 wirkte weiter, belastend zumeist«. Es stimmt auch, daß vor allem seit den 60er Jahren »Altes zunehmend beiseite gedrängt, ersetzt oder doch gründlich umgestaltet« wurde, und zwar »durch Neues, das andere Traditionslinien besaß oder sich schaffte«.[8] Die von Conze und Schieder mitkonzeptualisierte Sozialgeschichte und ihre innovative Bedeutung können, vom Ausgang ihrer (bisherigen) Entwicklung aus gesehen, nicht ernstlich in Frage gestellt werden. Wenn das Wehlers zentrale Sorge gewesen sein sollte, kann er sich ihrer entledigen. Hierfür müßte er freilich das Postulat der Trennung von Werk und Person akzeptieren, denn – ganz im Gegensatz zu seiner Lernprozeß-These – wird nichts von der persönlichen Schuld der Ex-Nazis Schieder und Conze durch die Bedeutung ihres nachmaligen Wirkens vermindert oder gemildert.

Worum ging es Wehler also? Für Gustav Seibt stellte sich das so dar: »Er versuchte einen Weg aus der Nacht zum Licht zu zeigen. Das Amt solcher Aufklärung müßte, glaubt man ihm, bei der Geschichtswissenschaft liegen. Diese bildete am Donnerstag abend aber wieder eine ganz eigene Welt, in der mit Wehlers Vortrag der Geist des unvergessenen Bundestagspräsidenten Jenninger zu triumphieren schien. In diesem abgedichteten Raum drang die einstige Wirklichkeit nur momentweise ein; es geschah durch die Zeitzeugin, die sich an blutrünstige Lieder erinnerte.«[9] Sollte Wolf Lepenies also recht haben mit seiner Vermutung, daß die Disziplin, die sich professionell mit Erinnerung und mit dem Gedächtnis beschäftigt, sich auch besonders gut dafür eignet, zu vergessen und zu verdrängen? Daß Wehler dabei auch ein persönliches Anliegen verfolgte, und zwar nicht nur im Hinblick auf seine eigene zentrale Rolle bei der Entstehung und Entfaltung der Sozialgeschichte, sondern auch hinsichtlich seiner langwährenden Beziehung zu Schieder, gab er während des Vortrags unumwunden zu. Schieder sei den Studenten seiner Generation über die Jahrzehnte »als ein intellektuell überlegener, außerordentlich vielseitiger und theoriebewußter, im persönlichen Umgang mit jüngeren auffällig liberaler Historiker« begegnet. »Umso schmerzlicher« habe es ihn getroffen, daß er nun seine »eigene Erfahrung und das Verhalten des ›jungen‹ Schieder (...) im Lichte der jüngsten Funde in ein neues Verhältnis setzen muß.« Wie gesagt: Das schlichte »Eingeständnis« der Schwierigkeit, den öffentlichen »Vatermord« zu begehen (ohne den Vater dabei gleich auch noch »retten« zu wollen), hätte schon eine Menge bewirkt.

Es scheint indes, als liege das Problem wo ganz anders. Was, fragt man sich, bringt Wehler dazu, im Jahre 1998 die öffentliche Apologie eines Ex-Nazis zu machen? Die schlichte Antwort, es handle sich um die »Verteidigung« der Sozialgeschichte, seines Lebenswerkes, bzw. um die persönlich motivierte Inschutznahme des bewunderten Mentors seiner frühen akademischen Laufbahn, reicht nicht hin. Fraglich, ob dieser Auftritt einer intellektuellen Persönlichkeit aus dem linksliberalen Lager von der Statur Wehlers vor etwa zehn Jahren überhaupt möglich gewesen wäre. Die Antwort scheint eher im Bereich neuer objektiver Möglichkeiten eines gewissen öffentlichen Diskurses in Deutschland (in Verbindung mit diesen oder jenen latenten, subjektiven Bedürfnissen seiner Teilnehmer) zu liegen. Man darf heute in Deutschland so reden, ohne einen allzu gewaltigen Tabubruch begangen zu haben. Nicht nur ein Walser kann sich über die »Dauerpräsentation unserer Schande« mokieren, auch Wehler kann – ein »schmerzhaftes Spagat« vollführend – der »Gerechtigkeit« für einen Ex-Nazi das

Wort reden. Daß er dabei andererseits auch als Kritiker Walsers auftreten kann, mag den eigentümlich ideologischen Charakter dieses neuen Diskurses ausmachen: Weil man nicht in den Verdacht gerät, etwas vergessen, verdrängen oder beschweigen zu wollen – man gehört ja der kritischen Intelligenz an –, darf man das, was von Rechten geäußert für gewöhnlich zum Gegenstand vehementer Kritik wird, nunmehr unbedenklich von sich geben; man ist ja kein Rechter. Ob dabei (wie bei Walser) die Generation der »Väter« etwas für den zukünftigen Erinnerungsdiskurs festschreiben möchte, oder (wie es im Fall des ewig »jungen« Wehlers zu sein scheint) die »Söhne« das späte Bedürfnis verspüren, sich zu guter Letzt doch noch mit ihren »Vätern« auszusöhnen, fällt zunächst nicht ins Gewicht; es handelt sich um Varianten eines eigentümlich »neuen« Umgangs mit der Vergangenheit und deren Bewahrung in der kollektiven Erinnerung. Daß hierbei vorwiegend (ehemalige) »Linke« (oder doch »Linksliberale«) eine zentrale Rolle spielen, wird im weiteren noch zu erörtern sein.

Anmerkungen

1 Alle hier zitierten Äußerungen Wolf Lepenies' sind einer von mir vorgenommenen Transkription der von der Veranstaltung gemachten Tonbandaufnahme entnommen.

2 Vgl. hierzu: Ralf Dahrendorf, Gesellschaft und Demokratie in Deutschland, München 1965.

3 Alle folgenden Zitate von Wehler sind dem Originalmanuskript des von ihm am Wissenschaftskolleg gehaltenen Vortrages entnommen. Eine gekürzte Fassung erschien einige Wochen später in der FAZ. Vgl. Hans-Ulrich Wehler, In den Fußstapfen der kämpfenden Wissenschaft, in: Frankfurter Allgemeine Zeitung, 4.1.99, S. 48.

4 Bodo Mrozek, Die zwei Leben der Volkshistoriker, in: Frankfurter Rundschau, 14.12.98.

5 Gustav Seibt, Kritisches Goldrähmchen, in: Berliner Zeitung, 14.12.98, S. 9.

6 Ebd.

7 Eine bedenkenswerte Replik auf seine Darlegungen findet sich in: Götz Aly, Stakkato der Vertreibung, Pizzikato der Entlastung, in: Frankfurter Allgemeine Zeitung, 3.2.99.

8 Jürgen Kocka, Kommentar in der Sektion »Deutsche Historiker im Nationalsozialismus«, 42. Deutscher Historikertag, Frankfurt am Main, 10. September 1998.

9 Seibt, a.a.o.

Von Gutmütigkeit und Koketterie

Mitte Dezember 1998 wurde die von Hans Magnus Enzensberger anläßlich des ihm in Düsseldorf verliehenen Heinrich-Heine-Preises gehaltene Rede »Über die gutmütigen Deutschen« veröffentlicht.[1] Es handelte sich um ein Essay, das sogleich mit einem Paukenschlag beginnt:

»Ungeachtet unseres erheblichen Heizölkonsums leben wir bekanntlich in einer kalten Welt. Was uns da zu schaffen macht, ist vor allem das Klima sozialer Kälte, von dem viele Medien zu berichten wissen. Und wer ist daran schuld? Die Ellenbogen- und Zweidrittelgesellschaft, in der die Reichen immer reicher und die Armen immer ärmer werden. Schnatternd und betroffen, von schlechtem Gewissen gepeinigt, fahren wir in den Zweiturlaub, unverbesserliche Egoisten, die wir sind. Dafür ist nicht nur unser ungezügelter Individualismus verantwortlich, der Verlust an Mitmenschlichkeit und christlicher Nächstenliebe, sondern auch der brutale Kapitalismus, die hemmungslose Globalisierung, überhaupt die an allen Ecken und Enden ihr häßliches Haupt erhebende Ungerechtigkeit. So kann es natürlich nicht weitergehen. Das wird uns immer wieder eingeschärft von einer wahren Phalanx von Mahnern, deren vorwurfsvolles Unisono uns in den Ohren schallt.«

Der überheblich-sarkastische, vermeintliches Unbehagen vorspiegelnde Ton der Rede klang (zum damaligen Zeitpunkt) bereits nicht ganz neu. Hatte doch die deutsche Öffentlichkeit kurz zuvor schon erfahren dürfen, daß ein anderer prominenter Redner sich über die »Schmerz erzeugenden Sätze« radikaler Kritiker mokiere, gar das Wegschauen habe lernen müssen, wenn ihm »der Bildschirm die Welt als eine unerträgliche vorführt«. Auch wurde ihr zuteil, daß sich »etwas« bei diesem offenbar überforderten Redner gegen »diese Dauerpräsentation unserer Schande« wehre, wenn ihm jeden Tag »in den Medien«

die deutsche Vergangenheit unentwegt vorgehalten werde. Aus seinem berufenen Munde bekam sie zudem zu hören, »daß öfter nicht mehr das Gedenken, das Nichtvergessendürfen das Motiv (für besagte Präsentation) ist, sondern die Instrumentalisierung unserer Schande zu gegenwärtigen Zwecken«. Der Unterschied: Enzensberger ging es in seiner Rede nicht um Auschwitz und seine instrumentalisierte Erinnerung, sondern um die von einer »wahren Phalanx von Mahnern« im »vorwurfsvollen Unisono« öffentlich thematisierte, »an allen Ecken und Enden ihr häßliches Haupt erhebende (soziale) Ungerechtigkeit«. Natürlich war Enzensberger nicht dreist genug, das reale Bestehen einer solchen Ungerechtigkeit in Abrede zu stellen. Sie war eben nur nicht Gegenstand seiner Erörterung. Gemeinsam war beiden Rednern also, daß sie ihre Vorträge nicht dem von »den Medien« bzw. von besagter »Phalanx von Mahnern« Angemahnten widmeten – dem Umstand nämlich, daß »die Reichen (tatsächlich, und nicht nur in der selbstgefälligen Polemik der Satten) immer reicher und die Armen immer ärmer werden« –, sondern eben den Mahnern. Und wie schon beim ersten Redner, zwei Monate zuvor, war auch bei Enzensberger der Stil der Mahner und der Gegenstand des Angemahnten gleichsam austauschbar geworden: Beides – das reale Elend in der Welt und seine (wie immer diskutable) kritische Darstellung – befanden sich für sie auf gleicher Ebene; über beide läßt sich ja »ärgern«, und so nimmt denn die »ärgerliche« Tatsache ihrer öffentlich ausgetragenen Erörterung den gleichen Stellenwert ein wie das in dieser Erörterung thematisierte »Ärgernis« der Armut.

Damit aber auch niemand auf die Idee komme, er pauschalisiere (bzw. argumentiere eindimensional), listete Enzensberger das Arsenal der Stimmen besagter Mahner auf: »die der alten Alten und die der neuen Neuen Linken, die der Bischofskonferenzen, der Wohlfahrtsverbände, der Leitartikler und der sozialpolitischen Parteisoldaten«. Gemeinsam sei all diesen Rednern »die Entrüstung über unsere verderbte Gesellschaft, ein gewisses Beben der Stimme und eine eigentümliche Form der Kapitalismuskritik, die sich nach dem Untergang des real existierenden Sozialismus durchgesetzt hat und die nicht mit der politischen Ökonomie argumentiert, sondern mit einer Moral, die sich vor allem durch ihre Penetranz auszeichnet«.

Enzensberger brachte da tatsächlich ein Problem auf den Punkt. Daß nämlich »die Reichen immer reicher und die Armen immer ärmer werden«, daß die »Ellenbogen- und Zweidrittelgesellschaft«, der »ungezügelte Individualismus« und der »Verlust an Mitmenschlichkeit«, mithin (und zwar ursächlich) der »brutale Kapitalismus« und die »hemmungslose Globalisierung« für moderne Wohlstandsgesellschaften bestimmend geworden sind, dürfte zum einen kaum bestritten werden; gleichwohl kann dem zum anderen nicht mit »Moral« begegnet werden, insofern etwas real bewirkt werden soll. Das Verharren in »Moral« affirmiert nur das Ressentiment, ohne etwas an der Struktur der sozialen Ausbeutung (bzw. jener »an allen Ecken und Enden ihr häßliches Haupt erhebenden – sozialen – Ungerechtigkeit«) zu rühren. Den diskursiven Ausgangspunkt für die Veränderung dieses (mitnichten nur metaphorisch-polemisch durch »soziale Kälte« geprägten) Bestehenden müßte da in der Tat die politische Ökonomie abgeben. Aber auch die bliebe pure Theorie (und könnte dadurch leicht zur Ideologie entarten), setzte sich das, was schon der große Klassiker der politischen Ökonomie forderte – die Selbstbefreiung der sich als Kollektivsubjekt konstituierenden sozial Ausgebeuteten –, nicht historisch (also: gesellschaftlich real) um. Daß sich diese Vorbedingung der im Sinne der politischen Ökonomie vollzogenen sozialen Umwälzung historisch nicht einstellt, hat nicht sehr viel mit dem »Untergang des real existierenden Sozialismus« und schon gar nichts mit der sich in seiner Folge durchsetzenden »eigentümlichen Form der Kapitalismuskritik« zu tun, sondern vielmehr mit dem Umstand, daß es der Kapitalismus historisch geschafft hat, die gesellschaftlichen Kräfte, die an seinem Niedergang hätten am meisten interessiert sein müßten, vollends in sein System – und zwar sowohl materiell als auch mental – zu integrieren. Daß dabei die Ausgebeuteten weiterhin objektiv ausgebeutet werden, ohne gleichwohl das subjektive Bewußtsein dafür zu entwickeln, darf in der Tat als größte ideologische Leistung des Kapitalismus gelten. Der »Untergang des real existierenden Sozialismus« spielt denn in diesem Zusammenhang deshalb eine gänzlich untergeordnete Rolle, weil er eben zu keinem Zeitpunkt gesellschaftliche Wirklichkeit in wahren Sozialismus umzusetzen, mithin keinen veritablen Gegenentwurf zu der im Westen historisch gewachsenen bürgerlich-kapitalistischen Gesellschaft zu setzen vermochte. Auf diesem Hintergrund nimmt sich Enzensbergers diesbezügliche Polemik zweifach perfide aus: Zum einen wendet sie die Unterlassung der erforderlichen politisch-ökonomischen Analyse gegen die »Phalanx von Mahnern«, ohne freilich selber den Faden einer solchen Analyse aufzunehmen, geschweige denn sie zur Matrix der eigenen Argumentation zu machen (um beispielsweise die »Moral, die sich vor allem durch ihre Penetranz auszeichnet«, ihres ideologischen, besagte Grundverhältnisse der sozialen Ungerechtigkeit letztlich affirmierenden Charakters aufgrund der Analyse zu überführen). Zum anderen setzt sie aber auch das Wenige, was sich im Kontext der objektiv fortbestehenden sozialen Ungerechtigkeit bei gleichzeitiger öffentlich unbeschwerter Ignorierung derselben an anmahnender, wie immer »moralisierender« Kritik erhalten hat, der Lächerlichkeit aus. Enzensberger ging gar so weit, die materiellen Lebens- und Arbeitsbedingungen der Kritiker zum (indirekten) Kriterium für die Legitimität ihrer Kritik zu erheben:

»Natürlich können die wohlmeinenden Mahner nichts dafür, daß sie allesamt in wohlgeheizten Stuben sitzen und im allgemeinen recht komfortable Gehälter beziehen. Es ist auch nicht ihre Schuld, daß ihre Auftritte in Fernsehstudios, Forschungsinstituten, auf Weltreisen und Konferenzen allerhand Unkosten verursachen. Doch wird man sich, ohne ihnen allzu nahe zu treten, darüber wundern dürfen, daß sie es an jeder Selbstreflexion fehlen lassen und daß ihr Zeigefinger immer nur auf andere zeigt.«

Wer dieses »man«, das sich da über den Mangel an Selbstreflexion der attackierten Kritiker »wundern« darf, wohl sein mag, kann man nur ahnen. Daß aber Enzensberger den Umstand, daß mehr oder weniger alles, was sich im Bereich menschlicher Praxis ereignet, durch (anonyme) gesellschaftliche Arbeit vermittelt sei; daß sich zudem selbst noch in der materiellen Möglichkeit der Niederschrift seiner eigenen Polemik gegen die vermeintlich parasitär lebenden und wirkenden »Mahner« die private Aneignung gesellschaftlicher Arbeit sedimentiert habe, zu registrieren vergaß, zeugt auch nicht gerade von einem Überschuß an Selbstreflexion. Man sollte mit dieser Art von »Argumenten« sehr vorsichtig umgehen. Sie pflegen einen stets einzuholen. Es stellte sich indes heraus, daß es Enzensberger doch nicht um die

ging, deren »Zeigefinger immer nur auf andere zeigt«, sondern um die »anderen«:
»Von diesen anderen aber soll hier die Rede sein. Sie sind die Mehrheit, und vielleicht ist es an der Zeit, sie in Schutz zu nehmen, ja sogar, auch wenn es schwer fällt, zu loben, und zwar für ihre bewundernswürdige Geduld und für ihre unerschöpfliche Gutmütigkeit.« Gutmütigkeit? – mag man verwundert aufhorchen. Ist das eine neue Kategorie der sozialen Analyse? Enzensberger erläuterte: »Weit entfernt davon, nur an sich selber zu denken, legen sich die meisten nämlich für das Gemeinwohl auf beispiellose Art und Weise ins Zeug. Sie tun es zugegebenerweise nicht ganz aus freien Stücken. Auch ist hie und da ein leises Grummeln zu vernehmen. Doch im großen und ganzen muß man sagen: Was die Leute bieten und was sie sich bieten lassen, das geht auf keine Kuhhaut.«
Zweiter Paukenschlag: Enzensberger als Schutzherr derer, die man früher – politisch unkorrekt – den »kleinen Mann«, die »einfachen Leute« oder auch die »Masse« bzw. schlicht das »Volk« nannte. Um dabei ja nicht in den peinlichen Verdacht zu geraten, er argumentiere, wie andere von ihm attackierte Protagonisten des feuilletonistischen Essays, »moralisch« (bzw. moralisch penetrant), bediente sich Enzensberger einer ironische Distanz suggerierenden Sprache: Was sich »die Leute« bieten lassen, gehe »auf keine Kuhhaut«. Daß sie sich es aber bieten lassen, hängt wohl mit der von Enzensberger vermeintlich liebevoll umschriebenen Bewußtseinslage dieser »Leute« zusammen: Sie agieren »nicht ganz aus freien Stücken«, zuweilen ist auch »ein leises Grummeln« aus ihrer Masse zu vernehmen – etwas Herdenhaftes haben sie an sich, und »gutmütig« sind sie wohl vor allem, weil sie eben keine politische, soziale oder sonst irgendeine (z.B. kulturelle) Prägnanz aufweisen: eben Knetmasse in den Händen des nicht moralisch, dafür umso sprachgewaltiger, halb ernst, halb sarkastisch unernst argumentierenden »Fahrplaner der Lüfte«.[2]
»Ist es nicht einfach wunderbar, wie sich die Freude an Steuern und Abgaben in den letzten hundert Jahren vermehrt hat?«, fragte Enzensberger und informierte die Leser darüber, daß sich der Anfangssatz an Steuern, der im Jahr 1891 noch 0,62 Prozent betrug, heutzutage bei einer Staatsquote von 48,8 Prozent angelangt sei. Daß dabei ein beachtlicher Teil dieser Gelder zum Fen-

ster hinausgeworfen wird, störe die wenigsten, denn »immerhin mehr als ein Drittel dessen, was das Land erwirtschaftet, wird wieder an alle möglichen Klienten ausgeschüttet«; auf mehr als eine Billion Mark belaufe sich »das sogenannte Sozialbudget«. Wenn dem aber in der Tat so sei, wunderte sich Enzensberger, woher komme es dann, daß »die Armut in Deutschland und anderswo unaufhaltsam wächst«; daß beispielsweise jedes fünfte Kind im Osten und jedes zehnte im Westen unter ihr zu leiden habe, wie es in einem 1998 verfaßten Bericht des Jugendministeriums heißt. Weder an den fünf großen Wohlfahrtsverbänden (welche »zu den größten Arbeitgebern des Landes« gehörten) noch an diversen sozialen Berufen (welche die »entscheidenden Expansionsgewinner der letzten 20 Jahre« seien) könne es liegen. Es kommt aber noch verwirrender. Denn andere von Enzensberger zitierte Experten belegen mit ihren Zahlen genau Gegenteiliges: daß nämlich »die Bundesrepublik, nach Dänemark, die zweitniedrigste Armutsquote in der europäischen Union aufweist und daß sie zu den Ländern mit der geringsten Einkommensungleichheit gehört«. Einer der Forscher stelle gar fest, daß »von einer Schere zwischen Arm und Reich nicht die Rede sein könne: Zwischen 1985 und 1995 (...) sei ›das Einkommen in allen Schichten gewachsen‹«.
Daß Enzensberger den Vergleich zwischen Steuersätzen des Jahres 1891 und denen von 1998 als Beleg für die Vermehrung der »Freude an Steuern und Abgaben in den letzten hundert Jahren« heranzog, ohne dabei auf andere vergleichbare Daten im besagten Zeitraum zu verweisen, die vielleicht die gesellschaftlichen Schattenseiten jenes Paradieses geringer Steuerabgaben plastisch dargelegt hätten, mag noch als Taktik einer flachen, aber immerhin suggestiven Polemik hingenommen werden. Auch daß er die in Deutschland wachsende Armut mit dem Hinweis auf das sich auf mehr als eine Billion Mark belaufende »sogenannte Sozialbudget« in Frage stellte, ist nicht gar zu verwunderlich bei jemandem, der (vermeintlich naiv) vorgibt, nicht zu wissen, wie gerade in Wohlstandsgesellschaften, in denen sowohl das Gerede vom »allgemeinen« Reichtum als auch die objektiv weiterhin bestehenden Besitz- und Herrschaftsverhältnisse als Faktoren der sie affirmierenden Ideologie fungieren, zumindest doch relative (aber eben nicht nur, sondern auch extreme, degenerierte, verslumte) Armut entstehen kann. Frappierend ist aber, daß er

gerade dies letzte zum Argument fürs Gegenteilige erhob: daß es in Deutschland, wenn überhaupt, eine ganz niedrige Armutsquote und eine recht geringe Einkommensungleichheit gebe; daß entsprechend von einer »Arm-Reich-Schere« keine Rede sein könne; sei doch im Jahrzehnt zwischen 1985 und 1995 das Einkommen in allen Schichten gewachsen. Die dabei weiterbestehende, eventuell gar – bei aller Anhebung des allgemeinen Einkommensstandards – weiter sich öffnende Einkommensdiskrepanz sah er nicht etwa als Indiz eines strukturell wirkenden Moments der Perpetuierung von Herrschaft und ausbeuterischen Besitzverhältnissen, sondern erhob es – ganz im Gegenteil – zum Angelpunkt einer noch krasseren Polemik:

»Solche Rätsel lösen sich aber ganz von selber, wenn man weiß, wie man in den Schlaraffenländern des Westens die Armut definiert. Nach einer Definition der Europäischen Kommission aus dem Jahr 1981 sind alle arm, die weniger als die Hälfte des durchschnittlichen Einkommens verdienen. Das bedeutet natürlich, daß uns die Armut praktisch nicht ausgehen kann. Selbst wenn das Pro-Kopf-Einkommen im Lande auf über zwei Millionen Mark stiege, würde es an Armen nicht mangeln; sie würden sich aus den simplen Millionären rekrutieren.«

Die Anführung einer hypothetischen Gesellschaft von Millionären – gemeint ist wohl eine Gesellschaft, in der sich alle Individuen die Befriedigung all ihrer Bedürfnisse »leisten« könnten – nimmt sich, gemessen an der extremen Fiktivität einer solchen Gesellschaft im heutigen Weltzustand, mehr als zynisch aus. Die Hypothese verfehlt aber auch ihren Zweck. Denn wenn man von einer qualitativ anderen, durch die Kategorie des Reichtums bestimmten, also historisch veränderten Dimension der allgemeinen gesellschaftlichen Verfassung ausgeht, kann auch der Begriff der Armut nicht im statisch Formalen verharren: In einer von Grund auf veränderten Gesellschaft »von Millionären« würde sich auch die Erfahrung, mithin der Begriff von Armut von Grund auf verändern. Darum ging es Enzensberger freilich nicht, sondern um die »Vor- und Nachteile« einer solchen Rechnung:

»Einerseits verschafft sie den Sozialbürokratien eine immerwährende Massenbasis, den Predigern einen rhetorischen Resonanzboden, der nie einbrechen kann, und den Verbänden eine solide Klientel. Andererseits kann bei der wundersamen Vermehrung der Bedürftigen auf diejenigen, die wirklich Hilfe brauchen, leider keine besondere Rücksicht genommen werden. Denn wie der SPIEGEL unlängst ausführlich erläutert hat (30/1998), ›dient nur der kleinste Teil des gewaltigen Sozialbudgets noch der Versorgung der Armen, dem ›Schutz und der Daseinshilfe in Notlagen‹. Dieser Teil wird, gemessen am Gesamtetat, sogar immer kleiner‹. Schweigen wir von den rund 40 Millionen Menschen, die nach der Schätzung der Vereinten Nationen dort, wo die Armut weniger großzügig definiert wird, alljährlich verhungern.«

Nun, schweigen wir von ihnen lieber nicht. Denn es geht hier um die Erörterung von zweierlei Barbarei, die zumindest zur Kenntnis genommen werden will (auch auf die Gefahr hin, als das Produkt eines »rhetorischen Resonanzbodens« abgeschmettert zu werden). Zum einen geht es um das Barbarische einer Welt, in der – obgleich die Entwicklung der Produktionsmittel, die effektive Nutzung von Ressourcen und die reale Produktion von Waren (in bestimmten Regionen) so fortgeschritten ist, daß objektiv kein Kind mehr an Unterernährung zu leiden, geschweige denn an ihr zu sterben bräuchte – immer noch Millionen von Menschen alljährlich verhungern. Zeitgenössisches Verhungern ist also mitnichten eine Frage objektiv vorherrschenden »fundamentalen Mangels«, sondern eine Frage der Verteilung, der Umverteilung, und vielleicht auch des Unbehagens, wenn schon nicht der politischen Rage darüber, daß, während in einem Teil der Welt Nahrung aus Preishaltungsgründen vernichtet wird, in einem anderen Menschen verhungern, in dieser ihrer »Funktion« aber höchstens zum süffisanten Argument polemischer Wohlstandsbürger gereichen. Zum anderen handelt es sich aber auch um die Barbarei innerhalb der modernen Wohlstandsgesellschaften (deren deutsches Beispiel Enzensberger in seinem Essay thematisiert). Nicht nur um die oben erwähnte, gerade im Kontext allgemeinen Reichtums entstehende Armut geht es dabei, sondern darüber hinaus auch um das Phänomen zunehmender entfremdeter Arbeit einerseits und struktureller Arbeitslosigkeit (welche ihrerseits die entfremdete Arbeit nochmal begehrenswert erscheinen läßt) andererseits, obgleich sich nach dem jetzigen Stand der Produktion – freilich nicht in dem sich zunehmend globalisierenden System des Kapitalismus – der Zeitanteil entfremdeter Arbeit prinzipiell minimalisieren ließe. Beide Dimensionen der Barbarei sind übrigens miteinander verkettet. Nicht daß sie sich von heute auf morgen beheben ließen, gleichwohl sollte man sie zumindest reflektieren, bevor man scheinheilig darüber klagt, daß bei der »wundersamen Vermehrung der Bedürftigen auf diejenigen, die wirklich Hilfe brauchen, leider keine besondere Rücksicht genommen werden« kann. Zu fragen wäre: Wie kommt es dazu, daß es überhaupt solche gibt, »die wirklich Hilfe brauchen«? Was heißt »wirkliche Hilfe« in einer Welt, in der Menschen verhungern? Und wie hängt die »wundersame Vermehrung der Bedürftigen« mit der Existenz jener, »die wirklich Hilfe brauchen«, und mit der Tatsache, daß Millionen von Menschen alljährlich verhungern, strukturell – also im Hinblick auf die innere Logik des Kapitalismus, die bei Enzensberger an keiner Stelle hinterfragt wird – zusammen?

Stattdessen bot Enzensberger mehr augenzwinkernde, datenselige Larmoyanz über die Gutmütigkeit bzw. Spendenfreudigkeit der Deutschen. Vorbei seien die Zeiten, da der Dichter noch behaupten konnte: »Die im Dunkeln sieht man nicht.« Diese werden vielmehr jeden Abend im Fernsehen vorgeführt. »Selbst in die entlegensten Gegenden dringen die Reporter mit Hubschrauber und Geländewagen vor, um uns zu zeigen, wie elend es dort zugeht.« Und auch diese unermüdliche Unterweisung, so Enzensberger, stoße nicht auf taube Ohren. Verläßliche Zahlen über die Spendenfreude gebe es zwar nicht, aber eine runde Schätzung für das Jahr 1997 nenne immerhin zehn Milliarden Mark, die auf die entsprechenden Konten geflossen seien. »Ja nicht einmal die richtig Reichen, von denen manche bekanntlich überhaupt keine Steuern zahlen, lassen sich jederzeit lumpen: Mehr als 8000 Stiftungen gibt es in Deutschland, die Jahr für Jahr ungefähr vier Milliarden für alle möglichen Zwecke ausschütten.«

Die spendenfreudige Gutmütigkeit erweist sich also als klassenübergreifend: nicht nur die »kleinen Leute«, sondern auch die »richtig Reichen« lassen sich nicht lumpen. Nun könnte man sich fragen, ob Spendenbereitschaft in der Tat Gutmütigkeit indiziere, oder vielleicht doch etwas anderes, womöglich nicht gar so Moralisches sublimiere. Wichtiger wäre jedoch, sich Rechenschaft über die Dialektik von Spenden, Almosen und sonstigen pekuniären Liebenswürdigkeiten abzulegen: Zwar tun sie den jeweils Bedürftigen immer unmittelbar Gutes an, affirmieren aber zugleich den objektiven Zustand eines gesellschaftlich determinierten Bedürftigseins und die mit ebendieser Affirmation der sozialen Abhängigkeit einhergehende Institutionalisierung des sich gut vorkommenden Gewissens (ohne dabei freilich das Problem besagter sozialer Abhängigkeit auch nur annähernd an der Wurzel zu packen). Enzensberger ging es aber, wie gesagt, nicht um solche Fragen, sondern um weitere (als »Wunderdinge« gepriesene) Zeugnisse für die offenbar nicht unterzukriegende Gutmütigkeit der Deutschen und die mit dieser verschwisterten Grausamkeit ihrer öffentlichen Kritiker. Erst kürzlich sei zu hören gewesen, daß in Deutschland fast jeder siebte irgendeiner ehrenamtlichen Tätigkeit nachgehe. Zwölf Millionen solcher Helfer seien hierzulande unterwegs. Dazu Enzensbergers empört-polemischer Kommentar: »Ob das die Hüter der sozialen Moral bemerkt haben, steht dahin. Vereinzelt schallt es der gutmütigen Mehrheit immer noch höhnisch entgegen: Ihr wollt euch ja nur ein gutes Gewissen erkaufen! Der altbekannte satte, selbstsüchtige Wohlstandsbürger sucht sich ein Alibi! Aber offenbar lassen sich die Leute auch von solchen Verdächtigungen nicht abschrecken. Gleichmütig hören sie sich die Vorhaltungen der Aufpasser an. Daß Undank der Welt Lohn ist, haben sie vermutlich längst erkannt, und was an uns liegt, so wollen wir uns Lob und Dank durch keinen häßlichen Zwischenruf vergällen lassen.«

Der Zweifrontenkrieg, den Enzensberger zwischen vermeintlich gutmütigen Bürgern und nörgelnden »Hütern der sozialen Moral« konstruiert, unterliegt einer seltsamen Täuschung, die sich vermutlich von der Bemühung, seine fragwürdige These stringent durchzuhalten, herleitet. Sowenig von »Gutmütigkeit« einer großen anonymen Masse die Rede sein kann, sowenig ist die den »Aufpassern« in den Mund geschobene, als persönliche Anrede formulierte Kritik gegenüber diesem Kollektivsubjekt (»Ihr wollt euch ja nur ein gutes Gewissen erkaufen! Der satte, selbstsüchtige Wohlstandsbürger sucht sich ein Alibi!«) ernstzunehmen. Ideologiekritik bezieht sich mitnichten auf das spezifische Bewußtsein des handelnden Subjekts; das Gutgemeinte seiner Absicht korrespondiert zumeist nicht mit dem objektiven Effekt seiner Handlung. Ob also eine gewisse »gute« Tat eine Alibi-Funktion aufweist oder nicht, hängt weniger mit der Durchtriebenheit des Subjekts, als vielmehr mit der Auswirkung seiner Handlung auf den Kontext seines öffentlichen Auftretens zusammen. Wenn also Enzensberger von einem »Undank«, welcher »der Welt Lohn« sei, spricht, redet er einer aufrechnenden Buchhaltung das Wort, die den objektiven Zustand der Welt mit dem subjektiven Bewußtsein des vorgeblich Gutmütigen nochmal ideologisiert. Ob er sich dessen selber bewußt war, spielt dabei eine eher untergeordnete Rolle. Ohnehin kam er aus dem Überschwang kaum noch heraus:

»Lieber preisen wir jene gutwilligen Steuerzahler, die alljährlich mehr als fünf Milliarden Mark allein für Asylsuchende aufbringen – obwohl andere Nationen sich weit zugeknöpfter zeigen; denn Deutschland nimmt gut und gern die Hälfte der Bedürftigen auf, die aus diesem Grund in die Europäische Union kommen. Elf weitere Milliarden, die freilich nur ein Tropfen auf den heißen Stein sind, zahlen die Leute für Entwicklungshilfe – obwohl ihnen klar sein dürfte, daß 80 Prozent dieser Summe als verdeckte Exportsubvention an die heimische Industrie zurückfließen. Ohne viel Murren werden auch die Brüder und Schwestern in der ehemaligen DDR reich bedacht – obwohl diese Zuwendung (netto tausend Milliarden sind es inzwischen) gewöhnlich mit Verdrossenheit quittiert wird. Sogar über die Ökosteuer lassen die Leute mit sich reden – obwohl sie ganz genau wissen, daß das Geld keineswegs der Umwelt zugute kommt, sondern im allgemeinen Staatshaushalt versickert. Und nicht einmal die Künstler gehen leer aus, obwohl viele von ihnen ihre Mission darin sehen, auf den Gefühlen ihrer Mitmenschen herumzutrampeln.«

Es muß immer wieder hervorgehoben werden: Obgleich Enzensberger mehrmals auf den Mißbrauch der (deutschen) »Gutmütigkeit« durch das Establishment und seine Institutionen zu sprechen kam (Entwicklungshilfe als »verdeckte Exportsubvention an die heimische Industrie«; Ökosteuer, die »im allgemeinen Staatshaushalt versickert«), ging es ihm letztlich nicht um die Strukturanalyse dieser offenbar korrupten Praxis, sondern um die zunehmende Profilierung der »Gutmütigkeit« als solcher: Nicht nur führe Deutschland im Rahmen der Europäischen Union auf dem Gebiet der (dank besagter Gutmütigkeit finanzierten) Aufnahme von bedürftigen Asylsuchenden; nicht nur entrichte es viele Milliarden für Entwicklungshilfe – nein, sogar die »Brüder und Schwestern in der ehemaligen DDR« werden (auch hier wieder das philanthropische Werk besagter Gutmütigkeit) »ohne viel Murren« reich bedacht, eine Wohltat, die sie gleichwohl – Undank ist der Welt Lohn, wie bereits gesagt – nur mit Verdrossenheit zu quittieren vermögen. Nun läßt sich natürlich fragen, ob im Westen des gutmütigen Deutschland, gerade was die »Brüder und Schwestern« aus dem offenbar nicht ganz so gutmütigen Osten anbelangt, wirklich so wenig gemurrt wird, wie von Enzensberger unterstellt, bzw. welche, eher verdecktere, soziale Formen des Ressentiments Murren annehmen kann. Auch darf man sich fragen, wie selbstreflektiert wohl die gönnerhafte Überheblichkeit sein mag, die undankbare Verdrossenheit gewahrt, wo es vielleicht um delegitimierte Lebensläufe, um untergegangene Lebenswelten und ganz gewiß um die für sehr viele unheilvolle Begegnung mit den eben nicht für alle zum Segen gereichenden Wohltaten des expandierenden Kapitalismus geht. Sensibel gab sich Enzensberger dagegen, als es ihm galt, mit den Künstlern abzurechnen, deren viele »ihre Mission darin sehen, auf den Gefühlen ihrer Mitmenschen herumzutrampeln«. Dabei wurde nicht ganz klar, worin Enzensberger die heutige »Mission« von Kunst sieht, aber es läßt sich an Zeiten denken, die gar nicht so lange zurückliegen, wo die nicht allzu wage Vermutung hätte aufkommen mögen, Enzensberger selber sehe die gesellschaftliche Funktion der Kunst in der ästhetisch vermittelten Aufrüttlung des Bewußtseins, ja, im Herumtrampeln auf Gefühlen, wo Gefühle kulturindustriell zur Ideologie entartet sind. Diese Zeiten scheinen indes endgültig vorbei zu sein. Es ist ja auch Enzensbergers gutes Recht, die Dinge heute anders zu sehen. Merkwürdig ist nur, daß er seine Klage gegen das »Herumtrampeln auf Gefühlen« gerade anläßlich der Verleihung eines Preises, der nach dem wohl größten »Auf-Gefühlen-Herumtrampler« der deutschen Literatur benannt ist, zu verkünden beschloß.

Nachdem dann Enzensberger darauf verwies, daß es auch in anderen Ländern Europas vergleichbare »philanthropische Neigungen« gebe, wartete er mit weiteren Belegen dafür auf, wie sehr »das Volk« nicht nur »wohlerzogen und manierlich« sei, sondern sich durch eine »beinahe grenzenlose« Geduld auszeichne. Was kommt da nicht alles zusammen: Tausende von Gesetzen und Rechtsverordnungen mit Einzelvorschriften, die der Bund auf die Wähler hat »niederprasseln lassen«; Runderlasse, Verfügungen, Normen und Ausführungsbestimmungen, mit denen die Länder und Gemeinden die Bevölkerung bedacht haben; Direktiven der hohen Europäischen Behörden, die eine immense Zahl von Rechtsakten auf einer Unzahl von Seiten umfassen. »Und wie«, fragte Enzensberger, »reagieren die Leute? Mit Aufruhr und Anarchie? Davon kann keine Rede sein. Unbedroht von Steinwürfen können die Brüsseler Beamten in ihren Glashäusern ihre üppigen Gehälter einstreichen. Nirgends stehen die Finanzämter in Flammen. Verzweifelte Autofahrer harren stundenlang in ihren Wagen aus, ohne die Schilderwälder, von denen sie umstellt sind, auszureißen. Werbeagenturen, die uns nicht nur im Kino und auf der Straße, sondern sogar bis in die eigenen vier Wände mit ihren Brechreiz verursachenden Botschaften verfolgen, können seelenruhig ihr grausames Geschäft verrichten, ohne Polizeischutz anzufordern, und von den Bewohnern abscheulicher Wohnblocks lauert keiner den Bauherren und Architekten auf, die an diesem Elend schuld sind. Ganz im Gegenteil! Man braucht nur einen öffentlichen Platz mit Behältern von abstoßender Häßlichkeit zu verbarrikadieren, und schon bildet sich eine Schlange von Leuten, die, mit dicken Tüten versehen, Plastikreste von Metall und Papier trennen, obwohl sie ahnen, daß der ganze Müll oft genug auf ein und derselben Halde landen wird. Man kann nicht umhin, die Friedlichkeit dieser Personen zu bewundern.«

Das ist gewiß eine Möglichkeit: »die Friedlichkeit dieser Personen zu bewundern«. Eine andere wäre, zumindest den Ansatz einer systematischen Kritik dieser von Reglementierung und Kontrolle nur so überquellenden »verwalteten Welt« bzw. des damit einhergehenden, eher autoritären als »friedlichen« Charakters der sie bevölkernden Menschen anzuzeigen. Denn das Phänomen der »Friedlichkeit« ist ambivalent: Entweder liegt es im Wesen solcher Kapitalismus, Wohlstand und Sozialstaat verbindenden bürgerlich-demokratischen Gesellschaften, daß sie expansive bürokratisch-administrative Strukturen nicht nur hervorbringen, sondern auf diese notwendig angewiesen sind; dann gibt es an der Langmütigkeit der Menschen in diesen Gesellschaften nichts zu »bewundern«: sie verhalten sich schlicht gemäß den ihr soziales Dasein konstituierenden Bedingungen, mithin gemäß ihrem eigenen Interesse, sofern sie am Fortbestand ihrer sogearteten Gesellschaft interessiert sind. Wenn aber die administrative Bürokratisierung der Gesellschaft eher von heteronomer – den wahren Bedürfnissen der Menschen fremder – Verselbständigung von Institutionen herrührt, wenn also die Reglementierung vor allem der Affirmation von bestimmten Herrschafts- und Machtverhältnissen dient; dann weist die »Friedlichkeit dieser Personen« einen apolitischen, der prinzipiellen Möglichkeit, dies Heteronome zu überwinden, womöglich mit tiefem Ressentiment begegnenden autoritären Charakter auf, an dem es nun wahrlich nichts (und schon gar nicht in Deutschland) zu »bewundern« gibt. Eine soverstandene »Gutmütigkeit« ist falsches Bewußtsein im ganz ursprünglichen Sinne – pure Ideologie.

Das sah nun Enzensberger aber ganz anders; seine Erörterung galt der »Gutmütigkeit«, folglich führte er immer mehr strukturelle Belege für die Existenz einer solchen an. So stellt sich denn heraus, daß nicht nur das Volk (»der große Lümmel«) tugendhaft sei; auch »der Leviathan« zeichne sich »durch eine Fürsorglichkeit aus, die ihresgleichen sucht«: 38 Behörden seien es, von denen man sich Geld abholen kann; auf 15 verschiedenen Wegen könne man ein kleines Zubrot fordern, wenn man Kinder hat; und auf 30 staatliche, durch das Gesetz »penibel definierte« Leistungen habe man Anspruch, wenn man Sozialhilfe bezieht. Auch der Arbeitnehmer genieße »manchen Schutz vor der Gefräßigkeit des Kapitals«; der Unternehmer, der sich an ihm vergreift, bekomme es mit dem Arbeitsrecht zu tun. Einen nahezu »legendären Ruf« im nie versiegenden Wohlwollen gegenüber Vorbestraften und Gefangenen habe sich die »Strafjustiz und Erlebnispädagogik« erworben; immense Unkosten (für den brav zahlenden Bürger) würden durch diese entstehen. Eine längere Passage widmete Enzensberger sodann einem Zitat aus Max Goldts Kolumne »Herr Kosmos ist von den Menschen enttäuscht (Schlabber!)«, die mehr oder weniger auf die Behauptung hinausläuft, daß offene Äußerungen der Menschen über teils üble soziale Phänomene, auf die man Rücksicht zu nehmen

hat, gemeinhin in krassem Gegensatz stünden zu dem, was Menschen wirklich denken oder empfinden; in den Hirnen der Menschen hausten Einfälle und Ansichten, »wie sie übler nicht denkbar« seien. Scheinheiligkeit und vorgetäuschte Freundlichkeit gehörten dementsprechend zu den »größten zivilisatorischen Errungenschaften«, denn »sie bewahren uns davor, auszusprechen, was wir denken«. Man solle sich absolut »keinen Kopf darüber machen«, ob das, was man spricht, mit seinen eigenen Gedanken übereinstimmt: »Kindern z.B. würde ich stets einschärfen, daß man mit Gewalt niemals Probleme lösen kann, obwohl ich leider ziemlich genau weiß, daß es durchaus Probleme gibt, die sich am einfachsten mit Gewalt lösen lassen.«
Schon hier deutete sich an, worum es Enzensberger letztlich ging. Ähnlich wie Walser bei seiner Friedenspreis-Rede, mußte sich offenbar auch Enzensberger Luft machen: Während sich aber der erste über die »Dauerpräsentation unserer Schande« ereiferte, mokierte sich der andere über die »Phalanx von Mahnern, deren vorwurfsvolles Unisono uns in den Ohren schallt«; und während der eine die nunmehr erlangte »Normalität« der Deutschen als sein zentrales Argument anführte, pries der zweite deren »Gutmütigkeit« an. In beiden Fällen wurde die mögliche Kritik am Bestehenden als unangemessen gegeißelt, ihre Träger als Moralisten abserviert. Daß Walser dabei einen (von einem neuen, positiven Nationalgefühl geprägten) Gedenkdiskurs für die kommende Zukunft festschreiben wollte, ist (gemäß der inneren Logik seines Wirkens im letzten Jahrzehnt) zumindest nachvollziehbar. Was aber trieb Enzensberger an? Er kann doch nicht im Ernst die »Gutmütigkeit« der Deutschen gemeint haben. Max Goldts Spruch, wonach man Kindern stets einschärfen solle, daß man mit Gewalt niemals Probleme lösen kann, obwohl man genau wisse, daß »es durchaus Probleme gibt, die sich am einfachsten mit Gewalt lösen lassen«, ist in diesem Zusammenhang indikativ: »Gutmütigkeit«, stellt sich heraus, ist nichts als die zum tugendhaften Begriff sublimierte unterschwellige Wut über das gesellschaftliche Unannehmliche, jenes aggressionsgeladene Ressentiment, welches sich in der unbefangenen Sphäre des (»gutmütigen«) deutschen Stammtisches als faschistoid-autoritäres Gedröhn zu entladen pflegt. Eine solche Unterstellung würde sich Enzensberger freilich ver-

beten haben. Er hatte seinerseits eine eigene »bescheidene Hypothese« zum Problem der zuweilen mit Undank quittierten gesellschaftlichen »Gutmütigkeit« beizusteuern:

»Wenn es wahr ist, daß man eine gutmütige Gesellschaftsverfassung in historischer Zeit mit der Lupe suchen kann, ohne fündig zu werden, wenn aber viele ihrer Glieder einfach immer wieder ausrasten, so muß man sich fragen, ob da nicht irgendein Zusammenhang besteht. Wie, wenn an der Menschenliebe, mit der wir es zu tun haben, etwas Beängstigendes wäre? Könnte es nicht sein, daß ihr nicht jeder gewachsen ist, daß die nimmersatte Moral so manches Gemüt überfordert? Und was dann? Man braucht schließlich nicht mit dem blutrünstigen Terroristen auf dem Fahndungsplakat zu sympathisieren oder mit dem wilden Kurden, der in der Lüneburger Heide gestrandet ist, um zu kapieren, daß es Leute gibt, die auf unsere Gutmütigkeit pfeifen, ja, die gar nicht verstehen, was damit gemeint ist. Vielleicht genügt es ja, daß einer genügend Haß, Angst und Wut fühlt, und schon bringt er alles an den Tag, was die Menschenfreunde sich mühsam genug verboten haben. Am Ende begleitet selbst den Gutwilligsten so ein schattenhafter, unheimlicher Stellvertreter, der alles repräsentiert und ausdrückt, was jener erfolgreich verleugnet.«

Es gibt also Leute, »die auf unsere Gutmütigkeit pfeifen, ja, die gar nicht verstehen, was damit gemeint ist«. Was indes zunächst noch in Begriffen der Moral bzw. des Verstandes formuliert wird, entpuppt sich schon im nächsten Satz als ganz anderen Kategorien zugehörig: Haß, Angst und Wut sind es, die einen dazu verleiten an den Tag zu bringen, »was die Menschenfreunde sich mühsam genug verboten haben«. Nicht gefragt wird dabei, ob es vielleicht strukturelle, gesellschaftlich determinierte Gründe dafür geben mag, warum bestimmte Menschen überhaupt mit Haß, Angst oder Wut reagieren, ob es also überindividuelle (nicht nur durch Charakter und Naturell bestimmte) Ursachen dafür gibt, daß Menschen »ausrasten«, mithin kaum fähig dazu sind, sich das zu verbieten, was sich für den »Menschenfreund« zu geziemen scheint. Wenn zudem stimmt, daß am Ende selbst den »Gutwilligsten« so ein »schattenhafter, unheimlicher Stellvertreter« begleitet, der »alles repräsentiert und ausdrückt, was jener erfolgreich verleugnet«, drängt sich die Frage, was es mit besagter »Gutmütigkeit« auf sich haben mag, mit umso größerer Dringlichkeit auf. Denn »unheimlich« ist – das weiß man ja seit Freud – ein wiederkehrendes Verdrängtes. Dieses Verdrängte macht allerdings als Verleugnetes noch keineswegs eine Tugend aus, sondern fungiert eher als dünne Schutzschicht vor dem permanent drohenden Rückfall in die Barbarei. Das bedeutet freilich, daß es hierbei mitnichten um jene löbliche »Gutmütigkeit« geht, auf die der »Ausrastende« zu pfeifen pflegt, sondern um den Zustand unterdrückten Ausrastens, welches jedem in repressiven Strukturen lebenden Menschen potentiell widerfahren kann: Es kommt lediglich darauf an, in welche soziale, ökonomische, politische oder auch kulturelle Konstellation man historisch kollektiv gerät. Daß dabei in manchen Regionen der Welt, eine größere Wahrscheinlichkeit für das »Ausrasten« besteht als in anderen, hat zunächst gar nichts mit der Gutmütigkeit der in den anderen Regionen lebenden Menschen zu tun, sondern mit den besagtem »Ausrasten« förderlichen Bedingungen und Verhältnissen in den neuralgischen Regionen. Daß sich darüber hinaus das »Nichtausrasten« in der einen (»gutmütigen«) Region dem sozialen und wirtschaftlichen Zustand in der »ausrastenden« anderen verdanken mag, läßt das Postulat einer vermeintlichen »Gutmütigkeit« vollends zur Ideologie entarten. Eine auf Kosten anderer entstandene »Gutmütigkeit« ist keine. Das will mitbedacht werden, ehe man jene geißelt, die da anmahnen: »Ihr wollt euch ja nur ein gutes Gewissen erkaufen! Der altbekannte satte, selbstsüchtige Wohlstandsbürger sucht sich ein Alibi!« Der Wohlstandsbürger braucht gar nicht »selbstsüchtig« zu sein, um dennoch objektiven Grund zu haben, sich ein »gutes Gewissen erkaufen« zu wollen. Es reicht hin zu erahnen, wenn schon nicht zu wissen, daß man »satt« ist, während andernorts »rund 40 Millionen Menschen (...) alljährlich verhungern«. Dies dürfte Enzensberger nicht unbekannt sein. Dennoch beschloß er seinen Vortrag mit folgenden Worten:

»Erfreulich ist das natürlich nicht, aber da es an sofortiger Abhilfe mangelt, möchte ich mit einem Vorschlag zur Güte schließen, der nichts kostet als ein wenig Zurückhaltung. Auf die Gefahr hin, nun meinerseits den Finger zu erheben, appelliere ich an die Verweser unseres schlechten Gewissens, an Leitartikler, Bischöfe, linke und rechte Gurus: Laßt ab! Laßt ab von euren ewigen

Vorwürfen, senkt eure Stimme, hört auf, alle die geduldigen Nettozahler, Blutspender und Feuerwehrleute zu verdächtigen und zu erpressen, die für eure Gehälter aufkommen. Ihr seid stolz darauf, daß ihr den Leuten auf die Nerven geht. Aber treibt es bitte nicht zu weit, nicht so weit, daß sie die Nerven verlieren. Denn was dann passieren könnte, wollen wir uns lieber nicht ausmalen. Allem Augenschein zum Trotz ist die Gutmütigkeit eine knappe Ressource, die nicht Ausbeutung verdient, sondern Schonung.«

Es ist schon erstaunlich: Nach all den Daten, Fakten und Zustandsbeschreibungen, die er mühsam zusammengetragen hatte, beendete Enzensberger seine Polemik mit der eher bescheidenen, nahezu lächerlich anmutenden Dichotomisierung von gutmütigen »geduldigen Nettozahlern, Blutspendern und Feuerwehrleuten« auf der einen Seite und böswilligen »Verwesern unseres schlechten Gewissens«, inklusive »Leitartiklern, Bischöfen, linken und rechten Gurus« auf der anderen. Auf der Grundlage solcherart polarisierter Gesellschaftssicht durfte er denn auch eine eigene Mahnung wagen: Die Böswilligen sollten den (noch friedlichen) Gutmütigen ja nicht zu sehr auf die Nerven gehen, denn »was dann passieren könnte, wollen wir uns lieber nicht ausmalen«. Nun, abgesehen von dem merkwürdig apokalyptischen Ton, den er sich gerade im Zusammenhang mit der Sorge um das schwache Nervenkostüm der ansonsten durchgehend gepriesenen »gutmütigen« Herde anzustimmen genötigt sah, fällt doch auf, daß es nicht das durch mögliche gesellschaftliche und ökonomische Anomien hervorgerufene potentielle »Ausrasten« der »gutmütigen Deutschen« (wie man es in diesem Jahrhundert bereits in voller weltgeschichtlicher Vehemenz erfahren mußte) ist, welche den Heinrich-Heine-Preisträger erschaudern ließ, sondern die von ihm als Genörgel empfundene Kritik der Mahner. Das Genörgel war ihm offenbar viel eher die Bedrohung als der in diesem möglicherweise enthaltene Wahrheitskern. Fast war man geneigt zu sagen: »Mr. Enzensberger, don't shoot them, they're only the piano players.«

Enzensbergers Essay hatte keine große Resonanz. Vielleicht lag es daran, daß zum Zeitpunkt seiner Veröffentlichung die Walser-Bubis-Debatte den öffentlichen Diskurs nahezu vollkommen besetzte, mithin das Bedürfnis nach der (in ihm thematisierten)

Mahner/Kritiker/Intellektuellen/Medien-Schelte gänzlich befriedigte. Dennoch gab es einige Leserbriefe, die hier nicht unerwähnt bleiben sollen. Denn während der eine dem von Enzensberger aufgezeigten »realitätsnahen Gesellschaftsbild« Bewunderung zollte;[3] ein anderer gar potentielle Kritik von vornherein entsorgen zu sollen meinte (»Er liefert ein Kompendium des grassierenden Schwachsinns, und es wird wohl kaum mit dem Verdikt ›Stammtisch‹ abqualifiziert werden können. Im Hinblick auf die Person des Autors und die Brillanz seiner Formulierung wäre dies ein Versuch mit untauglichen Mitteln«)[4], ließ es sich ein dritter nicht nehmen, eben dies anzuprangern (»Dieser Mann, der einst brillant die Sprache von ›FAZ‹ und SPIEGEL auf Ideologie untersuchte, schreibt eine Dankesrede mit scheinbar wenig Zeit und leider vielen Einfällen. Da wird eine unsympathisch trübe Suppe angerührt, mit Zutaten bestehend aus Wahrheiten, Halbwahrheiten und Vorurteilen, garniert mit einer gehörigen Brise Zynismus, und fertig ist der halbveredelte Stammtisch«).[5] Ein vierter brachte eines der inhaltlichen Probleme der Abhandlung auf den Punkt: »Enzensbergers Polemik ließe sich in einem Satz zusammenfassen: ›Eure Armut kotzt mich an!‹ Offensichtlich fällt es dem in die Jahre gekommenen Möchtegern-Vordenker schwer zu glauben, daß es auch in Deutschland Armut gibt. Wie soll ein alter, etablierter Mann auch auf die Idee kommen, daß man nicht gleich Hungers sterben muß, um arm zu sein?«[6]

Ob es freilich solches Sein ist, welches des Autors Bewußtsein trübt, darf bezweifelt werden. Enzensberger – das muß man annehmen – kann sich durchaus vorstellen, daß eine kapitalistische Wohlstandsgesellschaft strukturbedingte Armut (wenn auch nicht gerade Hungerarmut, die es gleichwohl woanders gibt) hervorzubringen vermag. Eher muß man davon ausgehen, daß die Wahrnehmung von und das öffentliche politisch-intellektuelle Reden über menschliche Verarmung und materielle Armut und ihre gesellschaftlichen Entstehungszusammenhänge »aus der Mode« gekommen sind. Es schickt sich eben nicht mehr über die Not derer zu sprechen, denen es – gemessen an der extremen Not anderer Regionen der Welt – »gut« geht, wie es denn inopportun zu sein scheint, über die Strukturbedingungen jener extremen Not in besagten anderen Regionen zu sprechen, wenn sie die objektive Gerechtigkeit des in der eigenen Wohlstandsgesellschaft vorherrschenden materiellen Überflusses in Frage zu stellen vermag. Eher sollen die, die sich über solche barbarischen Grundverhältnisse nicht beruhigen, sie vielmehr emphatisch anprangern zu sollen meinen, schweigen, als daß man das Barbarische bzw. die ihm zugrunde liegenden Grundverhältnisse gründlicher Kritik unterzieht. Aus der Vergangenheit kennt man den wohlbegründeten Haß der Armen gegenüber den Reichen. Neu am hier erörterten Diskurs ist das nicht mehr verhüllte, ja ganz offen bekundete Ressentiment des Satten gegenüber den zur »wahren Phalanx von Mahnern, deren vorwurfsvolles Unisono uns in den Ohren schallt«, entwerteten Fürsprechern der Armen, Diskriminierten oder sonstwie mit den Verhältnissen nicht gar so enzensbergerisch »gutmütig« zurechtkommenden Anderen. Was früher durch die Ideologie der Besitzenden noch kaschiert werden sollte, ist inzwischen zur populistisch gewendeten, antikritischen Kritik des »schlechten Gewissens« verkommen. Aber selbst das dürfte Enzensberger nicht gänzlich unbekannt sein. Ist sein Essay also zynisch? Nun, kokett ist es allemal. Und was könnte schon zynischer sein, als der kokettierende Umgang mit der Not. Nicht viel. Vielleicht nur das Postulat eines gerade in solchem Kontext angeregten Topos einer vorgeblichen »Gutmütigkeit der Deutschen«.

Anmerkungen

1 Hans Magnus Enzensberger, Über die gutmütigen Deutschen, in: Der Spiegel, 51 (1998), S. 218-221.
2 Vgl. Alexander Smoltczyk, Der Fahrplaner der Lüfte, in: ebd., S. 214-216.
3 Leserbrief (Roland F. Karl), in: Der Spiegel, 53 (1998), S. 14.
4 Leserbrief (Heinz-Dieter Braue), in: ebd. Zu fragen wäre freilich, warum beim Autor dieses Briefes die Stammtisch-Assoziation aufkam, noch ehe ein Wort über Enzensbergers Essay geschrieben wurde.
5 Leserbrief (Max Schmittner), in: ebd.
6 Leserbrief (Martin Sommer), in: ebd.

Gedenken, Kunst und Kulturindustrie

Der Umgang mit der Erinnerung des Holocaust ist heikel. Nicht nur haben die Dimensionen der in so kurzer Zeit und dermaßen gewalttätig sich zugetragenen Menschheitskatastrophe jegliche Maßstäbe für die nachmalige Auseinandersetzung mit ihr zunächst vollkommen durcheinander gebracht (in gewisser Hinsicht mußten sie ja erst gesetzt werden); nicht nur hat die Diskrepanz zwischen dem Wissen um das Monströse und der subjektiven Ohnmacht in besagter Auseinandersetzung dazu geführt, daß das Geschichtsereignis als solches sehr oft fetischisiert, die Formen des Umgangs mit ihm tabuisiert wurden; sondern die kollektiv zu vollziehende Erinnerung und die Tatsache, daß diese (wie im Falle Israels und Deutschlands) institutionalisiert werden mußte, haben sehr früh schon die instrumentalisierende Ideologisierung des Andenkens gezeitigt.[1] Adäquate Trauerarbeit und etablierte Trauerpolitik standen sich – sarkastisch gesprochen – von Anbeginn »im Wege«.

Nun läßt sich fragen: Was heißt das eigentlich »adäquate Trauerarbeit«? Was ist unter Trauer zu verstehen, und wie läßt sich ihre Adäquanz bestimmen? Die Antworten hierauf sind recht komplex und sollen zunächst zurückgestellt werden. Schon leichter fällt es darzulegen, was mit instrumentalisierender Ideologisierung des Andenkens bzw. mit »etablierter Trauerpolitik« gemeint ist. Zur Exemplifizierung sei hier vergleichend der Umgang mit der Erinnerung an die Pogromnacht des 9. November 1938 in Deutschland und Israel herangezogen. Die Kulturwissenschaftlerin Aleida Assmann hat in diesem Zusammenhang vor einiger Zeit bemerkt, daß der 9. November in der deutschen Erinnerungsgeschichte ein kompliziertes Datum sei, weil an diesem Kalendertag – »wie in einem Palimpsest« – unterschiedliche historische Daten übereinander geschrieben seien: Der Hitler-Ludendorff-Putsch des Jahres 1923, die »Reichskristall-

nacht« von 1938 und der Fall der Mauer von 1989.[2] »Besonders die letzten beiden Daten sperren sich gegeneinander im Gefühlswert der Erinnerung: die Euphorie der Befreiung kollidiert mit nationaler Scham und Schuld.« Da man nun befürchtete, daß »die Erinnerung an die nationalsozialistischen Verbrechen überlagert würde durch die Freude an die Wiedervereinigung«, zugleich aber auch klar war, daß »der 9. November durch seinen dunklen Schatten nicht zum patriotischen Gedenktag der Einigung werden konnte«, habe man den 3. Oktober zum neuen Nationalfeiertag der Deutschen als gleichsam »unbeschriebenes« Datum gewählt: »Das Ergebnis dieser deutschen Erinnerungsgeschichte und -politik ist, daß der 9. November kein offizieller Gedenktag geworden ist.« Gleichwohl stellt Assmann fest, daß er ein inoffizieller, »dezentraler Gedenktag« geworden sei, der »überall in Deutschland mit einer Vielfalt von Aktionen begangen« werde. Sie vermutet gar, daß er sich dabei vielleicht noch stärker behauptet und verfestigt habe als dies mit einem staatlichen Erinnerungsgebot geschehen wäre.
Auch in Israel ist der 9. November kein Gedenktag geworden, wenn auch aus gänzlich unterschiedlichen – gleichwohl nicht minder ideologischen – Gründen. Sieht man von wenigen, meist der Historikerzunft zugehörigen Fachleuten ab, nimmt der 9. November, als Gedenkdatum der 1938 in Deutschland stattgefundenen Pogromnacht, für die israelische Bevölkerung keinen besonderen Stellenwert ein. Nicht nur ist das Datum in seiner vielschichtigen historischen Beladenheit den allermeisten Israelis nicht bewußt, sondern eben auch als das spezifische des Jahres 1938, von dem sich doch erwarten ließe, daß es zumindest in seiner speziell »jüdischen« Bedeutung gewichtet würde, spielt es keine größere Rolle auf der Matrix der israelischen Kollektiverinnerung. Das hat mehrerlei Gründe.
Zum einen wird die »Reichskristallnacht« gleichsam vom Holocaust überschattet. Da sich der Begriff der Shoah gemeinhin auf die bürokratisch konzipierte, administrativ verwaltete und industriell betriebene Massenvernichtung der Juden reduziert, werden Momente der Vor-, Neben- oder Seitengeschichte im kodifizierten Gedächtnis ausgespart, insofern sie sich nicht – wie beispielsweise die Partisanengeschichte oder die Aufstände in den Ghettos – in das zionistische Ideologiekonstrukt von »Shoah und

Heldenmut« (ha'shoah weha'gwurah) integrieren lassen. Die Monstrosität des industriellen Massenmordes läßt die Ereignisse des 9. November 1938 gewissermaßen als »mäßig« erscheinen – eher in die Geschichte des konventionellen Pogroms einzuordnen, als in die der einzigartigen Unsäglichkeiten der Jahre 1942-45. Daß dabei eine andere, solchem Holocaust-Verständnis zuwiderlaufende Konvention der israelischen Kollektiverinnerung, derzufolge alles hätte »von Anfang an« gewußt werden können, zumindest implizit geschwächt wird, scheint nicht ins Gewicht zu fallen: Gerade, weil man im populären Verständnis der Shoah von einer nahezu unausweichlichen Determination ausgeht, wird der Gesamtprozeß von seinem Kulminationspunkt aus rezipiert und beurteilt. Das in der Geschichtsschreibung des Holocaust vieldiskutierte Moment des Unvorhersehbaren, des allmählich nur sich Funktionalisierenden, wird zugunsten des vom finalen Ausgang her Bestimmten gewissermaßen neutralisiert. Man weiß natürlich um den 9. November, mißt ihm aber nicht den Rang eines speziell zu gedenkenden Datums bei.
Zum anderen nimmt sich die Pogromnacht des 9. November als eine »innerdeutsche« jüdische Angelegenheit aus. Dies wird zwar nicht explizit ausgesprochen, leitet sich aber von einem wohlbekannten Moment im israelischen Holocaust-Diskurs ab: Schon von den quantitativen Ausmaßen der Vernichtung her wird die Shoah als ein zwar von den Deutschen in Gang gesetztes, in bezug auf die jüdischen Opfer gleichwohl primär osteuropäisches Ereignis begriffen. Nicht von ungefähr hat der israelische Historiker und Publizist Tom Segev darauf hingewiesen, daß viele der in staatlich organisiertem Rahmen nach Auschwitz fahrenden israelischen Schüler den Holocaust mit dem heutigen Polen identifizierten. Polen (und nicht Deutschland) gilt auch vielen in Israel als das Land schlechthin, dessen Erde »mit jüdischem Blut getränkt« ist. So besehen, steht der 9. November des Jahres 1938 nicht nur außerhalb der mit der eigentlichen Vernichtungsmaschinerie von 1942-45 gleichgesetzten Shoah-Geschichte, sondern entzieht sich zudem ihrer osteuropäischen Dimension.
Da sich darüber hinaus der israelische Holocaust-Diskurs in den letzten Jahren zunehmend parzelliert hat (Shoah-Sichtweisen von orthodoxen und säkularen, von aschkenasischen und orien-

talischen Juden, von jüdischen und arabischen israelischen Staatsbürgern etc. fallen zunehmend auseinander, sind mithin vollends unvereinbar miteinander geworden), ist der von der staatlichen Ideologie vereinnahmte Holocaust-Begriff auf ein möglichst umfassendes Shoah-Konzept angewiesen: Die von den sogenannten »neuen Historikern«, aber auch von anderen, teils polemischen Stimmen in Gang gebrachte kritische Hinterfragung der zionistisch-ideologischen Instrumentalisierung des Holocaust »zwingt« gewissermaßen den hegemonialen Diskurs zu einer monolithischen – und das heißt allemal: die Divergenzen im Äußersten aufhebenden – Perspektive. Dazu taugt nun der 9. November 1938 ganz und gar nicht, zumal er mittlerweile mit so vielen »außerjüdischen« Bedeutungen besetzt ist. Denn mag auch die »Reichskristallnacht« objektiv die historischen Vorzeichen für den in Auschwitz mündenden Prozeß gesetzt haben, die nachmalige Rezeption dessen, was geschah, garantiert keinesfalls eine einmütige Sichtweise, schon gar nicht eine das Bewußtsein aller bestimmende, einheitliche Sinngebung. Auch in dieser Hinsicht mögen wir es hier mit zweierlei Holocaust zu tun haben.

* * *

Auffällig ist in beiden Fällen, wie sehr das gedenkend zu Betrauernde von Faktoren bestimmt ist, die ihm entweder mehr oder weniger fremd sind oder – bei aller Affinität – zumindest nicht unmittelbar mit ihm zu tun haben. Wenn ein Kalenderdatum die Funktion eines Gedenktages deshalb nicht erfüllen kann, weil in ihm gegenläufige Bedeutungsgehalte zusammentreffen, dann hat sich das historische Datum, welches ja die temporale Basis für die Institutionalisierung der Erinnerung abgibt, gleichsam vom Gedenken abgelöst. Das kann zum einen auf das Zeitlose im Erinnern verweisen (in der Tat bedarf das Eingedenken prinzipiell keiner zeitlichen Festlegung); es kann aber zum anderen die Einwirkung nicht dazugehöriger Faktoren indizieren, wobei sich dann die Loslösung vom historischen Datum weniger dem Zielen aufs Zeitlose, als vielmehr der taktierenden Manipulation von Erinnerungsinhalt und Erinnerungsmodus verdankt. Je mehr sich nun fremdmotivierte Faktoren dieser Art auf den Prozeß der

Erinnerungsinstitutionalisierung auswirken, desto eher wird man geneigt sein, von Erinnerungspolitik zu sprechen, und insofern die Erinnerung eine Dimension der Trauer beinhalten soll, eben von Trauerpolitik. Daß Politisches dabei als heteronom zu begreifen sei, ergibt sich aus der Grundeinsicht, daß sich das Politische stets im Verfolgen von Herrschafts- und Machtinteressen manifestiert. Interessengeleitete Trauer ist für gewöhnlich auf die Instrumentalisierung des Betrauerten ausgerichtet. Somit kontaminiert sie den Gegenstand der Trauer, läßt zudem die Authentizität des Trauernden zumindest suspekt erscheinen. Das kann die Funktion beschwichtigender Rationalisierung erfüllen – wenn z.B. eine Mutter den Tod des gefallenen Sohnes als »ihr Opfer für das Vaterland« ausgibt; aber auch eine zutiefst ideologische Schicht der Trauerreaktion zutage fördern – wenn z.B. ein Vater, noch unter Schock, auf den Tod seines gerade bei einem Terroranschlag umgekommenen Kindes vor laufender Fernsehkamera mit dem Nachbeten der offiziellen, zumeist hohlen und manipulativen Regierungsrhetorik »öffentlich« reagiert.[3] Das Ideologische dabei ist nicht im Inhalt der Trauerrhetorik (nicht also in der parteipolitischen Ausrichtung) zu sehen, sondern vielmehr in der von einem vermeintlichen Bezug aufs Allgemeine herrührenden, quasi selbst auferlegten Entindividualisierung des Trauernden (bzw. zur öffentlichen Trauer Angehaltenen), die sich in der Hingabe ans Klischee, ans Stereotypische, wenn man will: an die durch Routine geprägte Fetischisierung der Trauersituation manifestiert. Dabei soll gar nicht in Frage gestellt werden, daß heteronome Sinngebungen eben auch Sinngebungen sind. Nicht also das real empfundene Gefühl des Trauernden steht hier zur Debatte, sondern die Frage, inwieweit Rationalisierung und Ideologie ihm den Blick dafür versperren, daß der Tod des/der Betrauerten vermeidbar, überflüssig, gar sinnlos gewesen sein mag und dabei mit einer Politik bzw. Ideologie verquickt ist, der nun aber gerade der Trauernde – auch noch öffentlich – das Wort redet.

Staatsoffizielle Gedenk- bzw. Trauerpolitik hat, so besehen, stets etwas Ideologisches. Denn der Staat begreift sich zwar als Verantwortungsträger für alle seine Bürger (im konservativen deutschen Sprachgebrauch artete diese Vorstellung gar zur autoritär-libidinösen Personifizierung des Staates als »Vater« aus); gleichwohl ist

der Begriff des Bürgers dabei abstrakt. Massiver Verlust von Menschenleben wird in Kategorien offizieller, zumeist symbolisch verdinglichter Trauer, bei gleichzeitiger administrativ-bürokratischer Verrechnung, öffentlich ausgedrückt. Der hierbei zur Schau gestellte formelle Ausdruck der Trauer ist seinem Wesen nach zeremoniell, mithin emotionslos, wenn auch die öffentliche Zeremonie emotional aufgeladen werden kann. Ein zutiefst Privates – der Schmerz über den Verlust bzw. der allmähliche psychische Abschied von Unwiederbringlichem – wird so zum öffentlichen Akt, bei dem gerade die dem kollektiven Zeremoniell beigemessene Funktion der Trostspende latent eine ins Gegenteilige umschlagende Funktion erfüllen mag: die Enteignung des Individuums der Intimität seines Verlustgefühls und seiner Schmerzerfahrung. Die öffentliche Bekundung von Beileid wird spätestens dann zur offenkundigen Ideologie, wenn sich herausstellt, daß das Zeremoniell und die damit einhergehende Rhetorik darauf zielt, die staatliche Souveränität und Herrschaft absegnend zu affirmieren, mithin den (im Kriegsfall) eigentlichen Urheber des (womöglich vermeidbaren) schmerzlichen Verlustes nachträglich noch zu legitimieren.
Stimmt das aber auch für die sogenannte »Volkstrauer«? Die Antwort hängt davon ab, was man mit dem Begriff »Volkstrauer« verbindet. Denn wenn »Volk« als einheitliche Kategorie unter der des Nationalstaates subsumiert wird (Deutschland etwa als das Land des deutschen Volkes), dann wohnt diesem Begriff nämliche ideologische Dimension inne, die auch für die Staatstrauer gilt. Denn der Begriff der an den Staat gebundenen Nation suggeriert ja eine Zugehörigkeit und vermeintliche Solidarität, die den realen Diskrepanzen, Widersprüchen und Konflikten, die in der Gesellschaft nämlichen Staates gemeinhin vorherrschen, nicht die geringste Rechnung tragen. Volk in begrifflichem Zusammenhang mit dem Nationalstaat hat, so besehen, keinen prinzipiell unterschiedlichen Stellenwert, als den der Summe der Staatsbürger – eine, wie gesagt, ihrem Wesen nach abstrakte Kategorie. Wohl kann sich in Zeiten äußerer Bedrohung die Solidarität innerer notwendiger Kohäsion einstellen (wenn es ums Überleben geht, ist sie gar unverzichtbar); aber diese Solidarität ist eher funktionellen Charakters – kaum ist die Gefahr vorbei, ist auch sie wieder verflogen. Daß also im Ausnahmezustand alle Klassen einer Gesell-

schaft eine temporäre Solidargemeinschaft bilden, mag als die (wie immer unabkömmliche) Ideologie des »Normal«zustandes der Gesellschaft gelten. Kollektive Trauer (also »Volkstrauer« in diesem spezifischen Sinne) ist da der wohl eklatanteste Ausdruck dieser Ideologie. Denn es geht dabei um ein Heteronomes: den öffentlichen Mißbrauch von privatem Schmerz und Leid über den Verlust des Unersetzlichen.

Meint aber »Volk« das eher lebensweltlich geprägte gemeinschaftliche Solidargefühl, dann unterscheidet sich dieser Begriff der »Volkstrauer« von dem oben erörterten dahingehend, daß er seiner Abstraktheit nahezu vollkommen enthoben ist. Die sich in der lebensweltlichen Gemeinschaft einstellende Trauer beruht auf realer Interaktion, auf Praktiken gemeinsamen gesellschaftlichen Seins, auf Bekanntschaft, kollektiven Erfahrungen, Gefühlen und kulturellen Sinngebungen. Die Äußerungen von Beileid, Mitgefühl und Trost sind da in der Tat »adäquater«: Man kann davon ausgehen, daß ihre Träger die Verlusterfahrung und die damit einhergehende Trauer teilen oder doch zumindest eher teilen, als die, die sie staatsoffiziell, national oder »im Namen des Volkes« verkünden. Daß freilich auch diese im privaten Umfeld entstandenen Formen der Interaktion im Zuge immer intensiver formalisierter und administrierter, teils auch kulturindustriell zugerüsteter Vergesellschaftung zunehmend »kontaminiert« worden sind, kann nicht übersehen werden. Denn nicht nur das Öffentliche, auch das Private wird in Gesellschaften spätkapitalistischen Zuschnitts mittlerweile in zunehmendem Maße bildlich, sprachlich, ja emotional gleichsam »vorgegeben«. Das Private war nie nur privat. Wenn aber die bürgerlich-kapitalistische Weltanschauung das Postulat des Privaten noch in überschwenglichem Aufklärungsgestus verkünden durfte, so ist sie im postbürgerlich-spätkapitalistischen Zeitalter endgültig ihres Ideologischen überführt worden. War schon die von Tönnies vorgenommene kategoriale Unterscheidung zwischen Gemeinschaft und Gesellschaft vom merklichen Zug anachronistischer Sehnsucht beseelt, so ist diese Sehnsucht hundert Jahre später endgültig zur Ideologie entartet.

Auf diesem Hintergrund erhebt sich von neuem die Frage: Wie läßt sich »adäquate Trauerarbeit« als öffentliche Praxis begreifen? Und auf den Sonderfall der Holocaust- Erinnerung bezogen: Wie kann sich eine öffentlich praktizierte Trauerarbeit der Gefahr entziehen, zur heteronomen Trauerpolitik zu degenerieren? Die Antwort hierauf ist notwendig an eine Klärung des Trauerbegriffs gekoppelt.

Trauer ist zunächst ein psychischer Zustand und als solcher von Emotionen getragen. Das Emotionale der Trauer ist ihr im herkömmlichen Verständnis solchermaßen eingeschrieben, daß dem Trauernden stets mit verständiger Nachsicht, mit Empathie oder eben mit Mitgefühl begegnet wird. Für den Trauernden selbst ist sein Zustand die kulturelle Rahmenbedingung für die Hingabe an den Schmerz und die durchlebte Leiderfahrung, die ihrem Wesen nach psychisch-emotionaler Natur ist. So vielfältig dabei das emotionale Repertoire der Trauer und des sozial ausgerichteten Ausdrucks der Traueremotion sein mag, wird das Emotionale als solches stets als unabdingbarer Bestandteil von ihr gesehen, ja vorausgesetzt. Eine emotionslose Trauer gibt es nicht (die Depression als psychische Form der Nichtauseinandersetzung mit dem Trauerschmerz mal ausgeblendet).

Wenn dem aber so ist, erhebt sich die Frage, ob es eine vernunftgeleitete Dimension der Trauer geben kann. Wenn die Emotion für die Trauer wesensbestimmend ist, wie kann sich Vernunft in ihr durchschlagen? Es handelt sich hier mitnichten um eine leicht zu beantwortende Frage. So merkwürdig es indes zunächst anmuten mag, soll hier gleichwohl behauptet werden, daß die bewußte Sublimation des Schmerzes und ihre Manifestation im publiken Bereich des kognitiv erörternden Diskurses als die wohl adäquateste Form öffentlicher Trauerarbeit gelten darf. Hierzu seien nun folgende Überlegungen angestellt.

Man kann davon ausgehen, daß Trauer zunächst die psychische Auseinandersetzung mit dem Verlust von jemandem bzw. etwas Geliebtem, Vetrautem oder Gewohntem zum Inhalt hat. Dies bezieht sich zum einen auf das Verlorene, betrifft also das Objekt der Trauer (mithin die diesem Objekt beigemessenen Attribute und Qualitäten), hat aber zum anderen mit der ihrem Wesen nach narzißtischen Verlusterfahrung des Subjekts zu tun. Hierin ist der Grund dafür zu sehen, daß sich Trauerarbeit stets mit der Verabschiedung von zweierlei Unwiederbringlichem auseinandersetzen muß: einerseits vom verlorenen Trauerobjekt als solchem, andererseits vom nicht mehr zu befriedigenden Bedürfnis des Subjekts, dieses Objekts weiterhin habhaft zu sein. Nun weiß man ja, daß die Unfähigkeit, solche Trauerarbeit zu leisten, sich gemeinhin psychischen, die nötige Abschiednahme verhindernden Mechanismen des Trauernden verdanken. Es herrscht ein Bedürfnis vor, das unwiederbringlich Verlorengegangene als quasi noch immer Vorhandenes zu wahren, ein Bedürfnis, welches die harte Notwendigkeit, den für das Weiterleben unabdingbaren Abschied zu vollziehen, gleichsam übersteigt. Neurotisch sind solche Verhinderungsmechanismen insofern, als sie die objektive Realität des Unwiederbringlichen zwar kognitiv zur Kenntnis nehmen, zugleich aber auch psychisch verleugnen bzw. nicht zu akzeptieren vermögen. Denn was immer mit solcher Verleugnung psychisch gewonnen sein mag, muß davon ausgegangen werden, daß die Versperrung gegenüber der Wirklichkeit des unwiederbringlichen Verlustes sich auf das Fungieren des trauernden Subjekts in der objektiv neuentstandenen Realität auswirkt, wobei es unerheblich ist, wie lange das jeweilige Individuum für den erfolgreichen Ausgang aus dem aktuellen Trauerzustand braucht – in jedem Fall wird ein solcher Ausgang (also die Überwindung einer in einem selbst wirkenden psychischen Kraft) für die Rekonstitution des sogenannten »Normal«zustandes vorausgesetzt. Die subjektive Auseinandersetzung mit besagter narzißtischen Dimension des Trauerzustandes wird, so besehen, in den Vordergrund der Trauerarbeit gestellt. Das Verlustgefühl soll primär gemildert werden, während das betrauerte Objekt für immer verloren bleibt.

Ähnlich – zumindest isomorph – verhält es sich mit der vernunftgeleiteten (oder auch: diskursiven) Trauer um einen unwiederbringlichen Verlust. Die dabei betrauerte Kategorie ist zumeist die der Opfer, vor allem die von Menschenhand produzierten bzw. durch diese nicht verhinderten Opfer. Was da betrauert wird, ist zunächst die Tatsache der Opferwerdung als solche, eine Trauer, die sich einer ursprünglich religiösen, späterhin auch säkular abgesegneten Heiligung des menschlichen Lebens verpflichtet weiß. Ihr ist also ein moralisches Postulat eingeschrieben: Das universelle biblische Gebot »Du sollst nicht töten« versteht sich als ein Handlungsimperativ, dessen Übertretung sich religiös als ein Vergehen gegen Gott (und als ein von ihm zu Vergebendes) begreift, in der säkularen Heiligung des

menschlichen Lebens sich jedoch als das Bewußtsein der eigenen menschlichen Unzulänglichkeit artikuliert – die durch Menschen praktizierte Tötung von anderen Menschen kann auf keine über die Menschen hinausgehende Instanz übertragen werden. Vernünftig wird dabei nicht der natürliche Tod betrauert; denn der wird als unabwendbarer Bestandteil menschlichen Lebens verstanden. Vielmehr wird der durch menschliches Fehlen verursachte Tod betrauert; denn der subsumiert sich im Selbstverständnis der Menschen unter der Kategorie eines vom Menschen Bestimmten und zu Meisternden, womit die zweite Komponente der vernunftgeleiteten Trauer bezeichnet wäre: Was (wie oben dargelegt) im Fall der psychischen Individualtrauer das als narzißtisch gekennzeichnete Bedürfnis der Objektbesetzung ausmacht, erweist sich im Fall der vernunftgeleiteten Trauer im öffentlichen Raum als die Bewußtwerdung der sozialen, politischen und kulturellen Verhältnisse und Bedingungen, welche die von Menschen verursachten menschlichen Opfer zeitigten. Narzißtisch ist diese Bewußtwerdung dahingehend sedimentiert, als in ihr der säkulare, auf Vernunft basierende Anspruch der Menschen, ihr kollektives Sein friedlich zu gestalten und harmonisch zu meistern, erschüttert, das proklamierte Selbstverständnis als vernunftgeleitete, ethisch handelnde Wesen mithin (zumindest temporär) widerlegt zu sein scheint.
Während nun aber im Fall der psychischen Individualtrauer die Rekonstitution des sogenannten »Normal«zustandes auf der emotional-psychischen Verarbeitung des Verlustgefühls, ohne weiteren Bezug auf das betrauerte, unwiederbringliche Objekt, fußt, versteht sich die vernunftgeleitete Trauer um die Opfer als Erkenntnis und Wissen um die Bedingungen und Verhältnisse, welche die Opfer zeitigten, dabei den Anspruch einer Vermeidung künftiger Opfer – wenn man will: der Konstitution eines »Normal«zustandes des Sozialen bzw. Kollektiven – erhebend. Das Postulat der Erkenntnis und Anerkennung der Opfer im Stande ihres Opferseins richtet sich, so besehen, auf die gedenkende Erinnerung der Opfer, wobei es sein Ziel freilich nicht in der Milderung der psychischen Verlusterfahrung sieht, sondern in der Ausrichtung darauf, die Erinnerung in Denk- und Handlungsweisen umsetzen zu können, die der Verursachung künftiger Opfer entgegenwirken. Durch die emanzipativ angegangene

und gestaltete Praxis wird die Erinnerung der historischen Opfer gleichsam gewahrt. Auch das u.a. mag Adorno mit jenem berühmt gewordenen Diktum gemeint haben: »Hitler hat den Menschen im Stande ihrer Unfreiheit einen neuen kategorischen Imperativ aufgezwungen: ihr Denken und Handeln so einzurichten, daß Auschwitz nicht sich wiederhole, nichts Ähnliches geschehe.«[4]

Nun muß allerdings hinzugefügt werden, daß die den Deutschen der Nachkriegsära bescheinigte »Unfähigkeit zu trauern«[5] nicht nur die Trauer um die realen historischen Opfer meinte, sondern auch die unabdingbare Verabschiedung von psychischen Mustern, die u.a. jene Unsäglichkeiten zeitigten, deren Opfer zu betrauern es nun galt. Relevant im hier anstehenden Zusammenhang ist die Umsetzung besagter Muster in politische Ideologien und Handlungspraktiken, die dem Barbarischen zugrunde lagen. Entsprechend verstünde sich eine Fähigkeit zu trauern als die auf dem Hintergrund der Loslösung von jenen psychischen Mustern zustandegekommene politische Praxis, die dem Barbarischen permanent entgegenwirkte, mithin garantierte, »daß Auschwitz nicht sich wiederhole, nichts Ähnliches geschehe«. Hier nun, in der dafür notwendigen Einrichtung des Denkens und Handelns, erweist sich die diskursive Erörterung des zu Verabschiedenden als vernunftgeleitete Trauerarbeit: Wenn die dem Gedenken der Opfer sich verdankende Einsicht in die Notwendigkeit der Loslösung von den autoritär-repressiven Mustern eine emanzipative politische Praxis hervorzubringen vermag, bedeutet die eine solche Praxis zeitigende vernunftgeleitete Erörterung des Geschehenen und des daraus Abzuleitenden genuine Trauerarbeit. Diese Trauerarbeit kann keinesfalls die emotionale Durcharbeitung der individuellen Trauer ersetzen; sie mag gleichwohl als die adäquateste, nicht heteronom bestimmte – eben der Opfer im Stande ihres Opferseins gedenkende – Trauerarbeit im öffentlichen Raum gelten. Und da psychische Muster stets in Wechselwirkung mit den sozialen und politischen Verhältnissen ihres Trägers stehen – sie werden von ihnen bestimmt, bestimmen sie aber auch zugleich – ist die vernunftgeleitete Dimension der öffentlichen Trauerarbeit nicht nur im Hinblick auf die Schaffung emanzipativer politischer Praktiken, sondern nicht minder als Komplementärfunktion der emotionalen Trauerarbeit unabkömmlich.

Wenn nun aber öffentliche Trauerarbeit eine vernunftgeleitete Dimension in sich birgt, erhebt sich die damit notwendig einhergehende Frage der Darstellbarkeit des Erörterten; denn es liegt ja im Wesen des Diskurses – des auf Massenwirksamkeit bedachten Diskurses zumal –, daß es auf akzeptierte Darstellungsformen rekurrieren muß, so kontrovers es in ihm ansonsten auch zugehen mag. Um es nun aber vorab zu sagen: Das Problem der Darstellbarkeit des Holocaust unterscheidet sich prinzipiell nicht vom Problem der Darstellung jeglicher anderer geschichtlicher Vergangenheit. Nicht nur wegen der Unmöglichkeit »unmittelbarer« Erfahrung des Geschichtsereignisses (die schon im historischen Ereignis selbst als höchst fragwürdig gelten darf), sondern auch angesichts der unumgänglich heterogenen Positionen möglicher Darstellung enthält der nachmalige Versuch, Vergangenes zu vergegenwärtigen, notwendig ein Moment der verzerrenden Entstellung, wenn nicht gar der verballhornenden Klitterung. Daß also geschichtliches Geschehen (letztlich freilich alles Vergangene) uneinholbar ist, mag als mehr oder weniger triviale Annahme der folgenden Erörterung vorausgesetzt werden.
Dennoch stellt sich die Frage der Darstellbarkeit des Holocaust anders als die anderer geschichtlicher Ereignisse und Abläufe. Dies hat zunächst mit dem Ausmaß und der Monstrosität dieses einzigartigen historischen Geschehens zu tun: Nicht nur die bürokratisch organisierte, administrativ verwaltete und industriell betriebene Massenvernichtung von Menschen an sich, sondern die Vorstellung, daß es sich dabei nicht um einen »Betriebsunfall«, vielmehr um den Kulminationspunkt einer sehr viel länger zurückreichenden zivilisatorischen Entwicklung handelt, die sich zudem im Kulturraum einer sich der Aufklärung, des Fortschritts, ja einer welthistorisch vorangetriebenen menschlichen Emanzipation rühmenden Moderne zugetragen hat, hat »Auschwitz« zum Synonym eines manifest gewordenen, zugleich unbegreiflich gebliebenen »Wesens« sozialen menschlichen Seins im Weltmaßstab werden lassen. Ob dabei einem grauenerregenden »Sinn« oder einer nicht minder entsetzenden »Sinnlosigkeit« das Wort geredet wird, bleibt sich letztlich gleich. Denn in beiden Fällen nimmt sich die in Auschwitz zum vorläufigen Kulminationspunkt gelangte Menschheitsgeschichte als eine Katastrophengeschichte aus, der man adäquat nur mit

fortwährendem Grauen begegnen kann. Da dies aber nicht möglich ist, permanentes Entsetzen mithin jeglichem Weiterleben zuwiderläuft, erhebt sich die Frage: Wie wäre das Unsägliche zu sagen, das Unbegreifliche in Begriffe zu setzen, und zwar so, daß beides – das Bedürfnis nach (beherrschender) Darstellung und das Bewußtsein eines Unnahbaren, weil allzu Bedrohlichen – in eine zwar unversöhnliche, aber gerade in der nie ganz aufgelösten Spannung dennoch angemessene Beziehung gesetzt würde.

Ein ganz besonderes Problem stellt in diesem Zusammenhang der Versuch dar, dem Holocaust künstlerisch zu begegnen. Dabei hat Kunst (in ihren großen Momenten) etwas von dem, was dem Unsäglichen noch am ehesten gerecht werden könnte – weist sie doch eine wesenhafte Doppeleigenschaft auf: Zum einen fußt sie in einer dem Ästhetischen eigenen Dimension des Unbegrifflichen, im nie ganz zu fassenden Bereich des Obsessiven; zum anderen bedarf sie freilich, um »verstanden« zu werden, jener vermittelnden Begrifflichkeit, die das Unsagbare zwar nicht ausbuchstabiert, aber eben doch dem nur Erlebnishaften entwindet. Nicht nur verweist dabei das Ästhetische auf den Begriff, wie denn der Begriff auf das ästhetisch Erlebte, sondern es ist eben die zusammenwirkende Wechselhaftigkeit beider Pole, die der Kunst eine ganz eigentümliche – weder in der Wissenschaft noch in der Philosophie so mögliche – kognitive Funktion, die besagte Pole komplementär aufhebt, verleiht. Das hat aber auch seinen Preis. Denn bei allem Verstörenden, Zerrissenen und Schockierenden, das (zumindest kontemporärer) Kunst eignen mag, enthält Kunst stets ein Moment der Lustentfaltung, d.h. das angeblich verstörend Schockierende zeitigt eine – wie auch immer unterschwellig wirkende – kathartische Befriedigung, mithin eine bestimmte psychische Form von Versöhnlichkeit. Darum kommt Kunst nur ganz selten, wenn überhaupt je, herum, denn sosehr sie die augenscheinliche Realität zu transzendieren bestrebt ist, so wird sie doch stets von dieser eingeholt: Die dem Verhältnis von Kunst und Realität einwohnende Ambivalenz wird vom Kunstrezipienten kaum je ausgehalten, sondern immer wieder aufhebend aufgelöst. Dies Problem steigert sich noch, wenn Kunst sich ihres Moments der Autonomie gegenüber der vorwaltenden Wirklichkeit begibt, um sich vollends ihrer eigenen Fremdbestimmtheit anheimzugeben – wenn sie also ganz und gar zur Kulturindustrie wird. Dies muß im hier erörterten Zusammenhang besonders hervorgehoben werden; denn nicht nur ist Kulturindustrie mittlerweile – über das rein Zerstreuende der Unterhaltungssphäre hinaus – zu einer Art Interaktionsmatrix nahezu sämtlicher gesellschaftlicher Bereiche ausgeartet, sondern sie hat sich dabei inzwischen selbst des Holocaust angenommen.

Es waren wohl diese beiden gravierenden Momente (Lustgewinn und Kulturindustrie) in Verbindung mit der ungeheuren Verzweiflung über die gegenüber dem Rückfall in die Barbarei ohnmächtig gebliebenen Kultur, die Adorno seinerzeit die Unmöglichkeit einer Lyrik nach Auschwitz hat postulieren lassen. Gleichwohl ist es bezeichnend, daß er diese Behauptung späterhin auch zurücknahm, vermutlich nach der Lektüre von Paul Celans »Todesfuge«; dieses Meisterwerk hatte gleichsam »bewiesen«, welche ungeahnten Potentiale dem lyrischen Umgang mit dem Unsäglichen innewohnten. Nimmt man dies zum paradigmatischen Maßstab der Holocaust-Darstellbarkeit durch die »hohe« Kultur und setzt dem ein typisches Produkt der Kulturindustrie – z.B. die in den siebziger Jahren entstandene, amerikanische Fernsehserie »Holocaust« – als den aus der »niedrigen« Kultur erwachsenen Pol gegenüber, so läßt sich ein Spektrum quasi hierarchisch gestaffelter Darstellungsebenen ausmachen: von den seichtesten Formen der kulturindustriellen Verwertung des Holocaust (eben Fernsehproduktionen wie »Holocaust«), über Werke aus der Sphäre der gehobeneren Kulturindustrie (etwa Spielbergs »Schindlers Liste«), durch Versuche eher dokumentarisch ansetzender cinematographischer Auseinandersetzungen (Filme wie Lanzmans »Shoah« oder Eyal Sivans »Der Spezialist«) bis hin zur großen Kunst, einer Kategorie, bei der Celans Werk wohl als unübertroffen gelten darf. Natürlich lassen sich hier andere Kunstmedien und -genres, andere Formen des Ausdrucks und der Vermittlung anführen. Darum geht es hier aber nicht, sondern um die Ebenen der Darstellung, das Maß der ihnen einwohnenden Instrumentalisierung des Sujets, der Wahrung besagter Spannung in seiner Behandlung und der (wie immer aussichtslosen) Wahrung der Adäquanz gegenüber dem historischen Geschehen.

Es versteht sich von selbst, daß in den verschiedenen Ebenen unterschiedliche Ziele und Zwecke verfolgt werden. Während Werke wie die »Todesfuge« den Umgang mit der Monstrosität gerade durch eine Minimalisierung des Gebrauchs von monströsen Anschaulichkeiten anstreben, das Unfaßbare somit gerade in der Formreduktion bewahrt wissen wollen, dadurch freilich die Ungeheuerlichkeit mit umso größerer Wucht erahnen lassen, zielen Fernsehserien wie »Holocaust«, aber eben auch Spielbergs »Schindlers Liste«, auf das mimetische Ausbuchstabieren des Grauens, die penibel rekonstruierte, »wahrheitsgerechte« Darstellung des Gewesenen. Werke wie Lanzmans »Shoah« – sich der Problematik jeglichen Anspruchs, das eigentlich Gewesene darstellen zu können, voll bewußt – machen denn die Vermittlung selbst zum Sujet ihrer Darstellung: die Erinnerung der überlebenden Täter und Opfer wird zum Medium des im Gegenwärtigen nachwirkenden Vergangenen. Dies hat natürlich auch seinen rezeptionswirksamen Bezug: während sich die »Todesfuge« leichter Zugänglichkeit versperrt, mithin in der schwierigen Durchdringung ihrer knappen Dichte die notwendige Schwierigkeit – das Nicht-Selbstverständliche – im Umgang mit der geschichtlichen Monstrosität nicht nur mitvollzieht, sondern gleichsam immer wieder von neuem auferlegt, ist die TV-Produktion »Holocaust« von vornherein darauf angelegt, dem Publikum das Material eingängig zuzubereiten, es mithin im Medium der Darstellung so einzufangen, daß sich jegliches Reflektieren über das Dargestellte erübrigen mag; nicht das Unsägliche wirklichen historischen Geschehens steht noch »zur Debatte«, sondern das, was Detlev Claussen treffend »Artefakt Auschwitz« genannt hat.

Nun mag man einwenden, das hier erörterte Problem bestünde gar nicht in der wie immer verstandenen Adäquanz der Darstellung; geboten sei vielmehr die möglichst massive Verbreitung des »Themas«, und die sei eben nicht mit den verfeinert elitären Mitteln »hoher« Kunst, sondern eben nur mit denen der zwar simplifizierenden, auch manipulativen, dafür aber eben effektiven Populärkultur zu bewerkstelligen. Wenn auch ein solcher Einwand von kunstheteronomen Motiven geprägt sein mag, umreißt er doch das mit jeglicher Holocaust-Erinnerung einhergehende Grundproblem: das Adäquate ist schlechterdings nicht das Effektive; das Effektive hingegen bezieht sich (potentiell) auf einen inadäquaten Zweck. Zu erinnern wäre in diesen Zusammenhang an eine Bemerkung Max Horkheimers aus dem Jahre 1960. Anläßlich des zu dieser Zeit in Israel bevorstehenden Prozesses gegen Adolf Eichmann, meinte er bezüglich der von israelischer Seite vertretenen Auffassung, der Prozeß solle »die Jugend im eigenen Land und die Völker draußen über das Dritte Reich aufklären«, wenn »solche Erkenntnis durch die gründliche Literatur, die in wissenschaftlichen wie in allgemein zugänglichen Werken der Kultursprachen vorliegt, nicht zu vermitteln ist, sondern erst in Form neuester Prozeßberichte und internationaler Sensationen die Bedeutung gewinnen soll, die ihr im Bewußtsein der heutigen und künftigen Generationen zukommt, ist es schlecht um sie bestellt«.[6]

Die Aussage ist von merklichem aufklärerischen Impetus beseelt. Nun weiß man aber im nachhinein, daß es gerade der Eichmann-Prozeß war, der das in den fünfziger Jahren vorherrschende Schweigen um den Holocaust in der israelischen Gesellschaft durchbrach und somit den (wie immer problematischen) israelischen Shoah-Diskurs erst eigentlich freisetzte. Zu fragen wäre freilich, um welchen Preis; ob etwa die mit diesem Diskurs einhergehende Zionisierung des Holocaust nicht schon in dem staatsoffiziell veranstalteten Prozeßakt mitangelegt war. Andererseits kann man davon ausgehen, daß es mehr als nur eine adäquate Form der Holocaust-Erinnerung gibt, ja daß gerade der Versuch, die Erinnerung auf das vermeintlich Angemessene hin zu vereinheitlichen, schon ein Moment des Ideologischen in sich birgt (das wäre z.B. eine der gravierendsten Dimensionen der Kritik an der Zionisierung des Holocaust). Das heißt also, es ist mehr als fraglich, ob die konkrete adäquate Form – als die einzig mögliche – der Erinnerung je benannt werden kann; es gibt ihrer offenbar zu viele heterogene Möglichkeiten. Eher können da die eindeutig inadäquaten Formen der Erinnerung bestimmt werden. Als Kriterium hierfür mag das Maß der heteronomen Ideologisierung des Erinnerten herangezogen werden: Je mehr sich der Akt des Erinnerns durch Entfremdung vom Wesen des historisch Geschehenen auszeichnet, desto angeratener wird es sein, seine fremdbestimmten Muster der ideologischen Instrumentalisierung zu überführen.

Kann man aber das Wesen des Holocaust überhaupt bestimmen? Macht nicht gerade sein Unbegreifliches, das Unzugängliche seines Wesens also, das, was man gemeinhin mit seiner Einzigartigkeit verbindet, aus? Wie immer man darauf antworten mag, kann man doch eines mit Gewißheit behaupten: Der Holocaust darf als Kulminationspunkt einer gesamtzivilisatorischen Tendenz der stets neue Opfer erzeugenden Entfaltung von Herrschaft und Gewalt gelten; der Rückfall in die Barbarei war, so besehen, schon im mißratenen Prozeß der Zivilisation angelegt; das Monströse liegt also in der Latenz der Geschichte bzw. der dialektischen Wechselwirkung von Geschichte und Natur. Das meint der entsetzte Blick von Benjamins Engel der Geschichte, der sie als fortlaufende – eben Opfer über Opfer schaffende – Katastrophengeschichte ansieht. Daß eine solche Sicht keinesfalls dafür vereinnahmt werden darf, die konkreten Täter der spezifischen historischen Konstellation, die Auschwitz zeitigte, und weniger noch die spezifische Identität ihrer Opfer aus dem Auge zu verlieren bzw. wegzudiskutieren, sollte dabei ganz außer Frage stehen. Wenn aber der Zivilisationsbruch als das erfaßt werden soll, was er letztlich war, nämlich eine Menschheitskatastrophe, kann man sich nicht mit der Partikularität jüdischen Erinnerns an Juden begnügen. Es bedarf der Erinnerung der Opfer im Stande ihres Opferseins.

Ob Kunst das leisten kann, hängt zunächst davon ab, was für Material sie verwendet, wie sie ihr Material anordnet, was sich also ihrer Immanenz entnehmen läßt. Weil sie sich aber, wie bereits dargelegt, in der Moderne allzuoft allzuleicht ihrer Autonomie begeben hat (und wenn man die zeitgenössische Gesamttendenz beurteilen möchte, offenbar immer mehr begibt), muß auch der Kontext ihrer Entstehung, mithin die ihr zugrunde liegenden, heteronomen Motivationen hinterfragt werden. Fraglich also, ob Gedenkkunst, die sich staatlichen, politischen oder sonstigen Partikularinteressen unterwirft, das Gedenken wesenhaft zu betreiben vermag. Zu leicht läßt sich das sie tragende Andenken der Opfer für neue Opfer schaffende Ideologien vereinnahmen. Nicht weniger fraglich freilich, ob die kulturindustrielle Kommerzialisierung des Andenkens besagte Forderung zu erfüllen vermag. Denn nicht nur ist sie dem Kapitalismus, einem durch »Freundlichkeit« dem Kunden und »Zuvorkommenheit«

dem Konsumenten gegenüber ideologisch übertünchten System tiefgreifendster Herrschaft und Gewalt, verhaftet, sondern der sie tragende Tausch läßt mutatis mutandis auch die Opfer zu »Opfern«, zu Artefakten, mithin fungibel werden.
Wäre also mit der »Todesfuge« ein Maßstab gesetzt, an dem sich jede den Holocaust thematisierende Kunst zu messen hätte? In einer Gesellschaft, in der »hohe« Kunst nicht mehr des Elitären geziehen würde, ihre schwere Zugänglichkeit, zumindest was die Barriere sozialer Aneignung von Kunst und Kunstverstand anbelangt, überwunden wäre, ließe sich eine solche Frage womöglich bejahen. Wir leben aber nicht in einer solchen Gesellschaft. Gefordert wäre also eine Kunst, die nicht nur die Opfer im Stande ihres Opferseins thematisierte, sondern ihr eigenes Heteronome mitreflektierte, über die Verdinglichung der Opfer-Erinnerung, der lustgewinnenden Dimension ihrer Darstellung eine zumindest latent miteinbezogene Rechenschaft abzulegen vermöchte. Dies von den bislang bekannten Formen der populär ausgerichteten Kunst zu erwarten, scheint widersinnig zu sein. Wer dies aber zugibt, bekundet zugleich sein Bewußtsein von der immanenten Unzulänglichkeit der Populärkultur, mit dem Wesen des Holocaust umzugehen. Aus diesem Zirkel führt zur Zeit offenbar nichts heraus.

* * *

Der hier verwendete Begriff der Kulturindustrie meint freilich mehr als nur die extreme Kommerzialisierung, mithin die Durchbrechung der postulierten Autonomie von Kunst. Die im Spätkapitalismus massiv betriebene Produktion von Kunst als Ware hat neue, die traditionelle Domäne des Ästhetischen bei weitem überschreitende Rezeptionsmuster und Perzeptionsbedürfnisse aufkommen lassen: Nicht nur der Blick auf den gängigen Alltag, nicht nur das Verständnis des gewohnten Umgangs miteinander, sondern auch das Bild der »Gesellschaft«, der »Welt« insgesamt, ist den Einflüssen der von den allgegenwärtigen Massenmedien strukturierten Normen des Visuellen, Akustischen und Rhythmischen unterworfen. Kategorien des Schnellen und Langsamen, des Lang- und Kurzweiligen, des sogenannten »Interessanten«, werden unentwegt durch eine stets expandierende Reizüberflutung dermaßen in Beschlag genommen, daß die Wahrnehmung des Inhalts sich immer mehr dem Diktat der Formen (mithin dem schnellen, seinem Wesen nach unreflektierten Konsum der berüchtigten »äußeren Hüllen«) unterzuordnen scheint. Gleichwohl hat auch das Struktur: Es mag da kein Zufall gewesen sein, daß schwarze Jugendliche in den USA Spielbergs »Schindlers Liste« – an unangebrachten Stellen johlend – dahingehend »mißverstanden«, daß sie das Erfolgswerk des Hollywood-Regisseurs in Kategorien des Action-Films rezipierten; ob dabei die kulturindustriellen Vorgaben für eine solche Perzeption im Spielbergschen Werk selbst angelegt waren oder sich in den Wahrnehmungsmechanismen der Jugendlichen ohnehin bereits sedimentiert hatten, ist letztlich unerheblich, denn Produktion und Konsum speisen sich gegenseitig. Geht man also von einem auf interdependenten Beziehungen von Warenproduzenten und konsumierendem Kundenpublikum beruhenden System aus, bleibt es sich letztlich auch gleich, ob es sich dabei um ein »von oben« bewußt initiiertes Manipulationswerk handelt oder nicht; es ist nicht notwendig, ein Manipulationssubjekt vorauszusetzen, um die plastischen Wirkungen der Bewußtseinsmanipulation ausmachen zu können.

Davon ist, wie gesagt, auch der Umgang mit dem Holocaust nicht ausgenommen. Es sind indes nicht nur die Darstellungsformen der historischen Monstrosität an sich davon betroffen, sondern auch die Art und Weise wie (und aus welchem Anlaß) mittlerweile über sie gesprochen wird. Ob im Rahmen der Goldhagen-, der Mahnmal- oder der sogenannten Walser-Debatte, stets gerät das anfangs zumindest inhaltlich diskutable Debattenthema früher oder später auf die Ebene zunehmender Entfernung vom historischen Ereignis. Dabei entfaltet sich sehr bald eine Eigendynamik der Diskussion, die zum einen den Eindruck einer selbstreferentiellen Lust am Debattieren erweckt, zum anderen aber (wie immer vor- oder unbewußt) darauf angelegt zu sein scheint, das eigentlich zu Konfrontierende mit Heteronomem zu überfrachten. Daß sich bei diesem Vorgang das von Experten erbrachte Fachwissen mit Befindlichkeits- und Betroffenheitsdiskursen des breiten Publikums vermengt, mag sich als die oft als solche gelobte »demokratische« Erörterungskultur ausnehmen (vielen rationalisiert sich diese Praxis in der Tat als eine »angemessene«); was indes immer wieder auffällt, ist, wie schnell man sich dabei von dem zu Erinnernden – sei es von der Realität der Opfer im Stande ihres Opferseins oder von den Gewaltpraktiken der Täter als solche – absetzt, um sich den Diskussionstechniken, den raffiniert gewundenen Pfaden der Debattenagonistik und den unter dem gewaltigen Redeschwall ausmachbaren, aufs interessengeleitete Gegenwärtige bezogenen Ideologemen und handfesten Ideologien mit umso größerer Emphase hinzugeben. Instrumentalisierung des Holocaust muß nicht gleich die Umsetzung seiner Erinnerung in diesen oder jenen materiellen oder politischen Tauschwert bedeuten; es kann durchaus – und dies formt sich allmählich in der Tat zur gängigen Routine aus – die Benutzung des monströsen historischen Ereignisses als Sprungbrett für die Anzettelung, Inszenierung und Durchführung von Debatten, Diskussionen und Diskursen, die mit der Erinnerungsarbeit als solcher gemeinhin schon herzlich wenig zu tun haben, meinen. Nicht nur der Trivialisierung der monströsen Menschheitskatastrophe wird damit Vorschub geleistet, sondern auch der Verballhornung der sich behutsam herauskristallisierenden (Erinnerungs-)Kultur des Umgangs mit ihr.

Es ist zum Zeitpunkt der Niederschrift dieser Zeilen noch ganz und gar nicht ausgemacht, ob es ein zentrales Holocaust-Mahnmal in Berlin geben, und wenn ja, was von der ursprünglichen Idee seiner Errichtung übrigbleiben wird. Aber die Mahnmal-Debatte gibt es schon. Die gibt es seit zehn Jahren. Nun ist behauptet worden, das eigentliche Denkmal sei mit der Debatte als solcher bereits errichtet worden. Das ist schön gesagt und birgt zweifelsohne ein gewisses demokratisches Moment in sich. Zugleich kann jedoch nicht übersehen werden, daß das Debattierte auch sehr viel von der Zerredung des an sich zu Erinnernden hatte. Nicht nur um den Überdruß, der sich bei den Rezipienten der langwierigen Debatte früher oder später einstellen mochte (und es ist zu vermuten, daß er sich in der Tat eingestellt hat) geht es hierbei, sondern vor allem darum, daß der ursprüngliche Debattengegenstand – eben die zu erinnernde und anzumahnende Menschheitskatastrophe – dabei fast vollkommen ins Hintertreffen geriet. Als kulturindustriell ist bei dem Gesamtvorgang weniger die das reale Verbrechen mit dem Symbolwert der im Mahnmal materialisierten Schande in den Vergleich setzende

Debattenstruktur zu erachten, als vielmehr jener sich nach und nach verselbständigende Debattenstrang, bei dem das Ausmaß der real umzusetzenden Materialisierung der Schande »verhandelt« wurde, der Tauschwert der Repräsentation mithin ihren latenten Fetischcharakter zu Tage förderte. Das, was bei Walser als die »Dauerpräsentation unserer Schande« beklagt wurde, übersetzte sich im Fall des Mahnmals nicht nur in den Wettbewerb der Denkmal-Entwürfe, sondern danach noch in die das Ausmaß der Schande auf ein immer kleineres Maß ihrer architektonischen Umsetzung zurechtstutzende Verhandlungspraxis. »Wieviel Stelen sind denn noch übriggeblieben?« war die in der Luft liegende Frage beim dritten Eisenman-Entwurf. Die Debatte war zu diesem Zeitpunkt in der Tat zur diskursiven Reduktion der Menschheitskatastrophe auf die Anzahl der in ihrer Repräsentation anzubringenden Stelen entartet.

Das will wohlverstanden sein: Zu beklagen ist nicht, daß sich das Reden nicht »rechtzeitig« in die Tat umsetzte. Demokratische Klärungs- und Aufklärungsprozesse sind stets wortselig, zum Teil auch deshalb, weil sie durch das zivile Reden den Ausbruch tatendurstiger Gewalt zu verhindern trachten. So besehen, sind gängige zivile Debattenpraktiken durchaus als Tathandlungen anzusehen. Daß dabei Reden (hier verstanden als öffentliche Diskussion) auch als Praxis der Verhinderung vorgeblich erwünschter Taten fungieren kann, ist die Kehrseite dieser Tugend. Worum es aber bei der hier (nur kurz) angerissenen Kritik geht, ist die Einsicht, daß durch die um das Erinnern bemühte Debatte gerade das Erinnern seines Impulses als Praxis des Opfergedenkens und als emanzipativ ausgerichteter Umgang mit der Vergangenheit beraubt werden kann, mithin die Entfremdung vom historischen Ereignis durch die Zerredung des erinnernden Umgangs mit ihm forciert wird. Liegt dem ein latenter Zweck zugrunde? Das muß sich stets in der Analyse erweisen. Es ist z.B. ganz und gar nicht klar, ob alle Juden ein Mahnmal in Berlin haben wollen: Viele sehen das Problem seiner Errichtung als eine nichtjüdisch-deutsche Angelegenheit an; andere denken eher in dezentralen Gedenkkategorien; wieder andere wollen vielleicht gerade diesen monumentalen Schandfleck im Herzen der »Berliner Republik« (was übrigens, gemessen an der Monstrosität des historischen Ereignisses, noch immer ein nichtiger

Preis wäre). Ob freilich die meisten Deutschen ein solches Mahnmal wirklich wollen, darf durchaus bezweifelt werden (ohne dabei die Frage erörtert zu haben, ob gerade die bestimmte Form des zu Debatte stehenden zentralen Mahnmals die erwünschte sei). Daß die Errichtung eines solchen zentralen Mahnmals für das staatsoffizielle Deutschland nicht leicht ist, kann man verstehen; kaum ein Land hat je die Schande seiner eigenen Geschichte zum staatlich sanktionierten Monument gemacht. Da aber wenige Länder vergleichbare Unsäglichkeiten verbrochen haben, ist eben doch auch zu fragen, wie man mit besagter Schwierigkeit umgeht: ob man etwa die in der Tat nicht unerhebliche Auseinandersetzung mit diesem komplexen Unterfangen nicht durch debattierende Zerredung entsorgt, durch diskursive Verirrung im Gewirr heteronomer Seiten- und Abwege das Gedenken von vornherein leidigem Überdruß und dem Gefühl ungewollter Pflichterfüllung aussetzt. Nicht um die »Dauerpräsentation unserer Schande« geht es dabei – die muß um der Zukunft willen weiterhin präsentiert werden –, sondern um die zerredende Entsorgung der Repräsentation. Was das Mahnmal dereinst, wenn es denn doch noch errichtet wird, für das adäquate Gedenken zu leisten vermag, muß noch abgewartet werden. Schon heute kann gleichwohl behauptet werden, daß die Debatte um seine Errichtung sich am allerwenigsten mit dem zu Erinnernden befaßte.

Anmerkungen

1 Vgl. Moshe Zuckermann, Zweierlei Holocaust. Der Holocaust in den politischen Kulturen Israels und Deutschlands, Göttingen 1998.

2 Aleida Assmann, Dezentraler Gedenktag, in: jüdisches berlin. Gemeindeblatt, November 1998, S. 6.

3 Beide Beispiele sind Erscheinungen der israelischen politischen Sphäre entnommen. Ich zögere hier von »politischer Kultur« zu sprechen, obgleich es in Israel durchaus Autoren gibt, die von einer in diese ideologisch politisierte Richtung weisenden »Trauerkultur« reden.

4 Theodor W. Adorno, Negative Dialektik, Frankfurt/M. 1982, S. 358.

5 Alexander und Margarete Mitscherlich, Die Unfähigkeit zu trauern. Grundlagen kollektiven Verhaltens, München 1967.

6 Max Horkheimer, Zur Ergreifung Eichmanns (1960/1967), in: Max Horkheimer, Gesammelte Schriften, Bd. 8, Frankfurt/M. 1985, S. 156f.

Deutscher Zeitgeist?

Der Begriff des Zeitgeistes ist schillernd. Die Vorstellung, daß die als Ära bzw. Epoche, mithin als historischer Abschnitt begriffene »Zeit« von einem einheitlichen Geist beherrscht werde, verdankt sich gewissen Denkentwicklungen des deutschen Idealismus, die mit Hegels Philosophie ihren theoretischen Kulminationspunkt erreicht, zugleich aber auch den Beginn ihres Niedergangs erfahren haben. Seither hat der Begriff seine philosophische Prominenz eingebüßt, kursiert jedoch immer noch im eher populären, unverbindlicheren Sprachgebrauch. Die Erschütterung des begrifflichen Stellenwerts ist verständlich. Denn in der Tat läßt sich fragen, was es wohl mit einem homogenen »Geist« in einer ihrer realen, materiellen Natur nach heterogenen, von Widersprüchen und Konflikten geprägten Gesellschaft auf sich haben mag. Und wenn es soziale Gegensätze, Risse und Schründe sind, die Struktur und Entwicklung des gesellschaftlichen Ganzen bestimmen, wessen Geist wird da als der für alle gültige ausgegeben? Wen bedient er? Von wem wird er formuliert, von wem als solcher rezipiert? Es gibt also gute Gründe, den Begriff des Zeitgeistes für bedenklich, weil wesentlich ideologisch zu halten.

Gleichwohl liegen die Dinge nicht ganz so einfach. Zwar sind die diversen Sphären moderner Gesellschaften samt ihrer unterschiedlichen Lebenswelten durch vielfältige soziale, politische und kulturelle Diskurse, durch ein sich stets ausweitendes Spektrum von Interaktionsformen und Praktiken, sowie durch Pluralität im Selbstverständnis und in der subjektiven Identitätsbildungen gekennzeichnet; dennoch geht man, spätestens wenn man von diachronen Zeitfolgen spricht, davon aus, daß etwas am – wie immer grob gezeichneten – Gesamtbild der Gesellschaft einer bestimmten Ära sich wesentlich von dem einer früheren oder späteren unterscheidet, wie denn auch, im synchronen Vergleich, das charakteristische Ganze einer bestimmten Kultur sich von dem einer anderen von Grund auf unterscheiden mag. Dies ist allein schon durch die materiellen Grundlagen der jeweiligen Gesellschaft/Kultur bestimmt, manifestiert sich jedoch vor allem in deren zentralen Normen, Sitten und Gepflogenheiten sowie in den sie legitimierenden Ideologien. Diese sind nun als die umfassende Rahmenbedingung des wie immer heterogenen und diversiven Ganzen zu begreifen (ganz abgesehen davon, daß in der vermeintlich endlos pluralen Vielfalt der Diskurse eben doch zentrale, zumeist hegemonial fungierende ideologische Strukturen auszumachen sind, die sich gemeinhin objektiven Herrschaftsstrukturen des jeweiligen Kollektivs verdanken). Zeitgeist kann demnach als Ideologie begriffen werden, und zwar sowohl in der statischen Funktion eines Arsenals der Inhalte der jeweils vorherrschenden sozialen, politischen und kulturellen Sichtweisen und Ausrichtungen als auch in der dynamischen Funktion eines Indikators der im Wandel der Inhalte sich jeweils abzeichnenden Tendenzwende.

* * *

Ist ein neuer Zeitgeist im Umgang der Deutschen mit ihrer Vergangenheit erkennbar? Die Frage läßt sich nicht eindeutig beantworten. Denn Deutschland ist am Ende des 20. Jahrhunderts längst nicht mehr das Land der Deutschen in irgendeinem homogenen, geschweige denn monolithisch soziologischen, sozial-psychologischen oder kulturellen Sinn. Fraglich, ob es das jemals war. Gleichwohl lassen sich frühere Phasen der bundesrepublikanischen Entwicklung kaum mit dem jetzigen Stand der Einwanderung, mithin der ethnischen Identitätsdifferenzierung und der zunehmenden Fragmentierung der Lebenswelten sowie mit dem Grad sozialer Legitimation partikularisierter Lebensentwürfe und der gesteigerten Individualisierung des Selbstverständnisses in der jetzigen deutschen Gesellschaft vergleichen. Es reicht schon hin, an gewisse Auswirkungen der Vereinigung beider deutscher Staaten auf die sozialen, wirtschaftlichen und mentalen Sphären der Gesellschaft zu denken, um sich generalisierender Urteile zu enthalten. Dementsprechend läßt sich annehmen, daß die Diskurse des Umgangs mit der deutschen Vergangenheit keineswegs einheitlich, sondern vielmehr durch die unterschiedlichen Identitäten

der Diskursteilnehmer geprägt sind. Dabei spielen weniger die in der alten Bundesrepublik noch vorwaltenden Links-Rechts-Zuordnungen eine Rolle (obgleich sie mitnichten so irrelevant sind, wie es die ideologische Mode der 90er Jahre möchte); vielmehr geben generationsbedingte Differenzen, ethnisch bzw. lebensweltlich bestimmte, divergierende Sichtweisen, aber auch die unterschiedlichen lebensgeschichtlich geprägten Formen der politischen Sozialisation (wie etwa die in der BRD und der DDR recht verschieden ausgeformten diesbezüglichen Sensibilitäten) den deutlichen Ausschlag.
Und dennoch, trotz solcher Pluralität, läßt sich von einer gewissen Wende im Umgang mit der Vergangenheit reden; sie bezieht sich allerdings nicht auf »die Deutschen«, sondern meint den von der (vorwiegend) kritischen Intelligenz über die Jahrzehnte geprägten öffentlichen Diskurs. Dieser bietet sich nicht nur deshalb als Kriterium für die Beurteilung einer Tendenzwende an, weil er das Terrain der »Aufarbeitungs-« und »Bewältigungs«praktiken von Anbeginn beherrschte, sondern weil er auch die Vorgaben an Wissen, Begriffsbildungen und Denkweisen für andere öffentlich fungierende Instanzen der Vermittlung und der Verbreitung (etwa das Schul- und Erziehungssystem) lieferte. Insofern nun Zeitgeist als Ideologie verstanden wird, diese sich aber als »Öffentlichkeit« durch die wissenschaftlichen (aber durchaus auch populärwissenschaftlichen) bzw. feuilletonpublizistischen und massenmedialen Produktionen und Rezeptionen in der Sphäre der Vermittlung und der Repräsentation manifestiert, kann man die in der stetigen Auseinandersetzung mit der deutschen Vergangenheit öffentlich geführten, großen Debatten als zweierlei ansehen: zum einen als Ausdruck einer genuinen Auseinandersetzung mit dem Aufzuarbeitenden, zum anderen aber als Ausdruck der sie durchwirkenden Ideologie. Es ist nun die sich in der ideologischen Dimension der Diskurse jeweils vollziehende Veränderung, die als der sich wandelnde »Zeitgeist« angesehen werden kann: Er spiegelt eine Wende des Denkens und Redens (z.B. über die Vergangenheit) wider, die ihren Ursprung in realen gesellschaftlichen, politischen oder kulturellen Wandlungen hat.
So besehen, indizieren die öffentlichen Vorträge Walsers, Wehlers und Enzensbergers einen Wandel im Zeitgeist. Daß sie eine unterschiedliche publike Resonanz zeitigten, mithin je verschie-

dene Neuralgien eines bestimmten zeitgenössischen ideologischen Diskurses in Deutschland berührten, fällt nicht ins Gewicht: Zum einen hatte dies mit der zeitlichen Überlappung der Debatten zu tun, und weil diese z.T. vom Feuilleton (allgemeiner: von den Medien) inszeniert waren, besetzte gewissermaßen die eine den potentiellen öffentlichen Resonanzraum der anderen. Zum anderen hatte dies aber auch mit dem Empfindlichkeitsgrad des in der jeweiligen Debatte angeschnittenen Themas zu tun: Walsers Problem mit der »Dauerpräsentation unserer Schande« sprach ohne Zweifel mehr Menschen »aus der Seele« als Wehlers an die Fachwelt gerichteter Versuch, die Sozialgeschichte vor ihren Kritikern zu schützen bzw. das (schon eher aufs breite Publikum abzielende) Vorhaben, die Lernbereitschaft ehemaliger Nazis zum Kriterium ihrer nachmaligen Apologie zu erheben. Enzensbergers Essay wies durchaus das Potential Beifall heischender, populistischer Manipulation auf, befaßte sich indes mit einem Thema, das (ohne pointierte ideologiekritische Hinterfragung) dermaßen allgemein gehalten war, daß es nicht zum Eklat Walserschen Zuschnitts gereichte, zumal ja seine Aussage auf Intellektuellen- bzw. Medienschelte hinauslief, die von Walser zuvor schon zu Genüge bedient worden war. Es mag auch stimmen – wie zuweilen zu hören –, daß man die von Enzensberger alle Jahre wieder provokant präsentierte Ausreizung eines »Themas« bis an seine logisch vertretbare Grenze, jene durchaus amüsant-reizvolle Mischung aus intelligenter Einsicht, Verbalraffinement und clownesker Überdrehtheit, schon seit langem gewohnt sei und deshalb nur noch spärlich auf die gezielte Provokation reagiere. Wie dem auch sei, jedem der drei hier erörterten Texte lag eine ideologische Matrix zugrunde, die, in Zusammenhang gebracht, das genuin Gewandelte im linksliberalen Zeitgeist durchscheinen läßt.

Denn es waren in der Tat »Linke« bzw. Linksliberale oder eben prononcierte Vertreter jener den öffentlichen deutschen Diskurs seit Jahrzehnten beherrschenden kritischen Intelligenz, die mit diesen Texten hervortraten. Daß dabei Walsers und Enzensbergers Argumentation auf besagte Intellektuellen- bzw. Medienschelte hinauslief, mag als ein nicht gerade reflektiertes, gleichwohl zumindest nachvollziehbares Spucken-in-den-Brunnen-aus-dem-man-trinkt hingenommen werden; es stimmt schon, daß Kritik selbst instrumentalisierendem Mißbrauch unterliegen kann, und daß auch Massenmedien mehr denn je der heteronomen Logik der Kulturindustrie unterworfen sind (bzw. diese durch die ihrer eigenen Existenz zugrunde liegende Waren- und Kommerzlogik erst eigentlich schaffen und etablieren). Auch daß Wehler Persönliches darzulegen, mithin sein eigenes wissenschaftliches (schulbildendes) Lebenswerk – das Paradigma der Sozialgeschichte – vor ungerechtfertigter Kritik zu »verteidigen« hatte, ist mehr als verständlich. Neu am Auftritt dieser öffentlichen Persönlichkeiten war die – gemessen am Anspruch der eigenen »linken« bzw. kritisch-aufklärerischen Tradition – durchaus als Tabubruch zu bezeichnende Ausrichtung ihrer Aussagen: Walser proklamierte öffentlich »sein« Unvermögen, unter den spezifischen Bedingungen der »Dauerpräsentation unserer Schande« noch hinschauen zu können, propagierte gar das Wegschauen. Wehler betrieb mit seiner konstruktiven Lernprozeß-Konzeption die wortgewaltige Apologie eines Ex-Nazis. Und Enzensberger trat als selbsternannter Beschützer des »Volkes« auf – nicht mehr als analytischer oder poetisierender Kritiker von Bewußtsein (die polemische Kritik an den Kritikern mal ausgenommen) – und redete mutatis mutandis der süffisant-wohlgefälligen Absegnung des Kapitalismus das Wort, ohne sich dabei zu scheuen, die im Kapitalismus vorkommende »Armut« gleich mit in Abrede zu stellen. Wohlgemerkt, die Ideologeme als solche sind nicht neu: Varianten deutschen »Schlußstrich«- und »Normalitäts«-Denkens, die ideologische Relativierung nazistischer Altlasten und liberale »Verständnis«-Diskurse sowie das Umschlagen eines vermeintlich kritischen Bewußtseins in die ideologisch gegenteilige Affirmation des (kapitalistisch) Bestehenden sind nur zu bekannt; man meinte indes bislang, sie nicht gerade aus der »linken« Ecke erwarten zu sollen. Ein Walser im Denkduktus der DVU, ein Wehler, der es nolens volens einem Ernst Nolte nachmacht, und ein Enzensberger, der teils frivol, teils sentimental von der vorgeblichen »Gutmütigkeit« des (deutschen) Volkes redet – das ist in der Tat neu, genauer: neu ist, daß diese gestandenen Persönlichkeiten nunmehr solche Aussagen im öffentlichen Raum, und zwar anläßlich mehr oder weniger festlicher Veranstaltungen unter Berufung auf ihr Renommee und Kulturkapital treffen können, vor allem aber

auch – treffen wollen. Denn beides stimmt inzwischen: Man kann diese Dinge sagen; man darf sie aber auch sagen wollen.
Ob dabei der Tabubruch mehr Demokratie indiziert – man entledigt sich ja letzter »Denkverbote« –, mag mehr als fraglich erscheinen. Zu vermuten wäre eher, daß nun zum Vorschein kommt (bzw. kommen darf), was man sich im (ehemals) linken Lager lange verbeten, mithin unterdrückt hat. Auch das mag sich emanzipativ ausnehmen; denn was unterdrückt war – hieß es doch immer –, kann ja nur durch Bewußtwerdung seiner Bedrohlichkeit enthoben werden. Gleichwohl wäre auch dies zu hinterfragen. Das Hervorkommen des einst Tabuisierten könnte sich nämlich genauso als ein Symptom dessen erweisen, was bislang dem nichtkritischen, restaurativen oder eben rechten Denk- und Gefühlsarsenal vorbehalten zu sein schien: das Bekenntnis zur Sehnsucht nach (gesellschaftlicher, politischer und historischer) »Normalität«, nach »positivem Nationalgefühl«, nach »Versöhnung« – kurzum: nach einem historischen, politischen und sozialen Unbelastetsein.
Nun stellt sich solche Unbeschwertheit schlechterdings nicht gar so leicht ein, wenn man Zeitgenosse einer Epoche ist, die den »Zivilisationsbruch« gezeitigt, einem Kollektiv angehört, das Auschwitz verursacht hat. Wehlers zentrale Frage – »Wieviele Jahrzehnte muß man ein honoriges Leben führen, um diese Jahre zwar nicht wettzumachen, aber doch zu relativieren?« – ist, genau genommen, kein nur diesen oder jenen Ex-Nazi betreffendes Problem, sondern widerspiegelt den unterdrückten Aufschrei vieler, die gerne das los wären, was man nicht loswerden kann, solange die Selbstgewißheit, daß man es los sein darf (bzw. das Wissen darum, daß man es nie wieder loswerden soll), sich nicht so verinnerlicht hat, daß das drängende Bedürfnis, die Entlastung öffentlich auszuposaunen, gar zu fordern, erst gar nicht aufkommt. Das ist, wie andernorts bereits dargelegt, die Dialektik des normalisierenden Bewußtseins: Man ist so lange nicht »normal«, wie man auf die Anerkennung der »Normalität« pocht. Eine ganz andere Frage ist dabei, ob man unter den gegebenen welthistorischen Bedingungen überhaupt »normal« sein wollen sollte. Das war in der Vergangenheit in der Tat eine der Grundvoraussetzungen jeglichen kritischen Aufklärungsdenkens – in der Ambivalenz verharren oder auch die Ambivalenz aushal-

ten, weil der Weltzustand (bescheidener: das Bestehende in der je eigenen Gesellschaft) die »normalisierende« Affirmation objektiv noch lange nicht zuläßt. Das scheint sich im linksliberalen Lager von Grund auf geändert zu haben. Nicht ganz auszumachen ist dabei, ob sich in diesen Stimmen der kontemporären deutschen kritischen Intelligenz nur ein Bedürfnis breiterer Bevölkerungsschichten kundtut, oder ob sich diese kritische Intelligenz nicht doch dem (eher unreflektierten) Bedürfnis breiter Bevölkerungsschichten anzupassen bemüht ist, womit sie freilich ihres Attributs des Kritischen endgültig enthoben wäre. Auch das könnte im honorigen Wohlleben eine Entlastung sein. Sein bestimmt eben doch das Bewußtsein – auch das »normalisierende«.

Daß dies alles mit Deutschlands objektivem Status in der Welt zusammenhängt, ist bereits dargelegt worden. Diese Zeilen werden in einer Woche geschrieben, in der deutsche Kampfflugzeuge für Militäraktionen im Kosovo eingesetzt werden, und zwar von einem sozialdemokratischen Verteidigungsminister in Zusammenarbeit mit einem SPD-Kanzler und einem Grünen-Außenminister. Bezeichnend ist dabei nicht nur die Selbstverständlichkeit mit der (zumindest anfangs) die Tatsache, daß deutsche Soldaten wieder an einem Krieg beteiligt sein dürfen, registriert wurde, sondern vor allem die prägnante Rhetorik des Außenministers, die sich immer mehr in die Assoziations- und Begriffswelt der Nazi-Verbrechen hineinsteigerte, um das moralische Fundament des Militäreinsatzes zu zementieren. Daß das militärische Eingreifen zugunsten der verfolgten Kosovo-Albaner moralisch gerechtfertigt ist, kann hier nur unterstrichen werden (wenn auch die diesbezügliche reale Wirkung zum Zeitpunkt der Niederschrift dieser Zeilen vorerst abgewartet werden muß). Neu ist gleichwohl, wie sich der Kausalnexus von Moral und Aktion transformiert hat: Wurde früher der Einsatz deutscher Militärgewalt im Eingedenken deutscher Gewaltverbrechen in diesem Jahrhundert vor allem von Linken nahezu tabuisiert, wenn nicht ganz und gar verdammt und ausgeschlossen, wird heute ein solcher Einsatz im Eingedenken nämlicher Gewaltverbrechen von den inzwischen zur Macht gelangten, sich nunmehr als »neue Mitte« verstehenden Ex-Linken nicht nur befürwortet, sondern auch bereitwillig in die Tat umgesetzt.

Das ist idealtypisch zu verstehen, denn natürlich wurden in diesem Zusammenhang auch kritische linke Stimmen hörbar, eine gewisse Zerrissenheit thematisiert. Und dennoch kann nicht übersehen werden, daß neue Zeichen gesetzt worden sind: So wie »die Welt« von »den Deutschen« erwartet hat, daß sie sich »ihrer Verantwortung« endlich einmal nicht entziehen und militärisch tatkräftig – d.h., nicht nur finanzierend – am Krieg mitwirken mögen, so haben sich »die Deutschen« dazu »breitschlagen« lassen, das über internationale deutsche Militäraktionen selbstverhängte, wenn auch bereits schon länger kränkelnde Tabu zu durchbrechen, um durch Einsatz von Kampfflugzeugen ihre »moralische Verantwortung« tatkräftig unter Beweis zu stellen. Das ist nicht nur der Übergang von Fundi- zu Realo-Ethik; das ist die neue deutsche »Normalität«.

* * *

Am 8. April 1999 gab Klaus von Dohnanyi dem Berliner »Tagesspiegel« ein großes Interview.[1] Auf die Widerstandsgruppe um die Attentäter des 20. Juli eingehend, sagte er unter anderem: »Es hat eben in Deutschland und Europa nicht nur Opfer und Täter gegeben: Diejenigen Menschen, die ihr Leben riskiert haben, um das alles zu verhindern, müßten wir an allererster Stelle erinnern. Neben den Leiden der Opfer müssen wir auch die Menschen erinnern, die ihr Leben riskiert haben, um das alles zu verhindern. Sie haben mindestens so sehr ein Mahnmal verdient wie die Opfer« Gefragt, ob er das »mindestens« wirklich meine, fügte er sodann resolut hinzu: »Ja, gewiß. Ich halte den aktiven europäischen Widerstand gegen den Nazi-Terror für das Wichtigste, das es aus dieser Zeit zu erinnern gibt. Dazu gehört übrigens auch der bewaffnete Widerstand von Juden, der ebenfalls aus der Holocaust-Opfer-Perspektive noch nicht zureichend gewürdigt wird. Diese Menschen standen alle für eine menschenrechtliche Substanz, sie hatten bewundernswerte Maßstäbe, für die sie auch einstanden. Sie sind die wirklichen Vorbilder.«
Das ist eine merkwürdige Sicht der Dinge. Dohnanyi kann nicht im Ernst gemeint haben, daß der aktive europäische Widerstand gegen den Nazi-Terror, so bedeutend er für ihn lebensgeschichtlich sein mag, »das Wichtigste« gewesen sein soll, was es aus dieser

Zeit zu erinnern gibt. Es sei denn, er meint damit den langen, unerbittlichen, blutigen und opferreichen Krieg, den z.B. die Sowjetunion gegen das Nazi-Regime geführt hat. Denn die (wie immer tapferen) Individualaktionen – beispielsweise der punktuelle Anschlag gegen diesen oder jenen Nazi-Verbrecher –, aber selbst noch der organisierte Widerstand, müssen, gemessen an der Massivität der gegen die immense Nazi-Gewalt notwendig gewordenen Gegengewalt, zwangsläufig wie ein Tropfen auf dem heißen Stein erscheinen. So honorig die Opferbereitschaft der Widerständler zweifelsohne war, hat sie im nachhinein einen eher symbolischen Wert. Das gilt ganz besonders für die jüdischen Widerständler, wenn man sie schon als eine gesonderte Kategorie erwähnt. Denn angesichts der unsäglichen Monstrosität, die Juden qua Juden widerfahren ist, nimmt sich der bescheidene jüdische Widerstand wahrhaftig als eine (wie immer ehrenvolle) Marginalität des insgesamt Geschehenen aus. Gleichwohl hat man diesen Widerstand gerade in Israel auffällig disproportional gewichtet, indem man dem Anfang der 50er Jahre ausgerufenen nationalen Holocaust-Gedenktag den Namen »Tag der Erinnerung an die Shoah und den Heldenmut« gab. Dies hatte freilich eher etwas mit den staatsideologischen Bedürfnissen und Postulaten des Zionismus, als mit einer historisch irgend vertretbaren, realen Gewichtung der Machtverhältnisse jener Zeit zu tun. Gleiches läßt sich von der vom Yishuv (der im Palästina der prästaatlichen Phase lebenden jüdischen Gemeinschaft) organisierten Aktivität zur Rettung der in Europa bedrohten Juden sagen. Sie war und konnte nur marginal sein. In Israel wie auch in Deutschland kommt es daher in erster Linie darauf an, der Opfer im Stande ihres Opferseins und der Täter im Stande ihres Täterseins, sowie der daraus abzuleitenden strukturellen Konstellationen, die sie eben zu solchen haben werden lassen können, zu gedenken, wenn man es pädagogisch ernst meint und Menschen zu künftig vorgreifenden Maßnahmen erziehen möchte. Das schließt freilich keinesfalls die gedenkende Thematisierung heroischer Zivilcourage aus. Man sollte aber doch bemüht sein, die Proportionen (der Gewichtung) zu wahren.

Dohnanyi wurde auch gefragt, ob er die im Rahmen der Walser-Bubis-Debatte in der FAZ gemachte Äußerung, die nachgeborenen Juden heute sollten sich doch mal fragen, ob sie damals alle Helden gewesen wären, wenn sich in der Nazi-Diktatur die

Gewalt nur gegen Zigeuner oder Homosexuelle gerichtet hätte, immer noch so formulieren würde. Dohnanyi antwortete: »Ja, ich habe das inzwischen oft wiederholt, zum Beispiel in meiner Rede zur Geschwister-Scholl-Gedächtnisvorlesung vor ein paar Wochen in München. Ich bin doch nicht der Erste, der diese Frage stellt! Der Ratsvorsitzende des Holocaust-Museums in Washington etwa hatte schon 1996 in einer Gedenkrede für meinen Vater erklärt, daß die Frage ›Wie hätte ich mich verhalten?‹ entscheidend sei für jedes heutige Urteil. Und es muß doch egal sein, wer ein Urteil über die ›Zuschauer‹ von damals fällt, ein jüdischer, ein katholischer oder ein moslemischer Deutscher.« Gefragt, ob er kein Verständnis dafür habe, daß Juden diese Frage vielleicht sich selbst stellen, sich das aber nicht so gerne von Deutschen fragen lassen wollen, gab sich Dohnanyi verwundert: »Von ›Deutschen‹? Sie meinen sicher von nicht-jüdischen Deutschen, denn die jüdischen Deutschen sind Deutsche genauso wie ich. Aber ich habe aus dieser Debatte etwas gelernt. Vorher dachte ich, daß es Deutsche türkischer Abstammung gibt, Deutsche spanischer Herkunft, Deutsche buddhistischen Glaubens, Deutsche, die Atheisten sind, und eben auch Deutsche jüdischen Glaubens. Aber durch die geschichtliche Erfahrung des Holocausts fühlen sich Deutsche jüdischen Glaubens eben nicht nur wie Deutsche, die einen besonderen Glauben haben. Ich persönlich denke, daß es in der Frage der Schuld für die Verbrechen im Dritten Reich heute keinen Unterschied zwischen einem jungen nicht-jüdischen Deutschen und einem jungen jüdischen Deutschen geben kann: Beide sind Deutsche, die persönlich ohne jede Schuld sind, aber sie haften – wie Karl Jaspers das schon 1946 formulierte – in ihrer Eigenschaft als deutsche Staatsbürger für die deutsche Geschichte. Soll das zum Beispiel für einen jungen Deutschen nicht gelten, der türkische Eltern oder Großeltern hatte? Wer das so sieht, läuft doch Gefahr, ›rassisch‹ zu argumentieren.« Die Interviewer setzten noch einmal nach und wollten wissen, ob es nicht so sei, daß der Unterschied zwischen diesen jungen Leuten einfach psychologische Ursachen habe: Man habe doch als Kind von Opfern eine andere Einstellung zu Deutschland als ein Kind von Tätern. Dohnanyi beharrte: »Bin ich als nicht-jüdischer Deutscher schon ein Kind von ›Tätern‹? Die Eltern und Großeltern vieler Deutscher waren doch nicht

selbst ›Täter‹! Viele, die ganz große Mehrheit, waren Zuschauer, und wir verurteilen diese Gleichgültigkeit des Zuschauens. Es geht doch nicht um eine Einstellung zu Deutschland, sondern um das notwendige kritische Urteil über die passiven Zuschauer. Und dieses Urteil kann überzeugend nur der fällen, der sich zuvor gefragt hat: Hätte ich mich widersetzt?«
Ob es egal sein muß, »wer ein Urteil über die ›Zuschauer‹ von damals fällt, ein jüdischer, ein katholischer oder ein moslemischer Deutscher«, ist mehr als fraglich, wenn man sich diese Unterscheidungen des Deutschseins nicht als Formalkategorien, sondern als Differenzierung zwischen konkreten Menschen mit unterschiedlichen psychologischen Konstitutionen, gesellschaftlichen Sozialisationen, lebensweltlichen Erfahrungen und kollektiven Erinnerungen der je eigenen Gemeinschaft oder Gruppe denkt. Daß Dohnanyi dies offenbar auch selber weiß, indiziert er schon im nächsten Satz, wenn er den Pauschalbegriff »die Deutschen« zurückweist und zwischen »nicht-jüdischen Deutschen« und »jüdischen Deutschen« unterscheidet. Es stimmt schon, daß die jüdischen Deutschen heute Deutsche sind genauso wie er, und dennoch trennen Welten, wenn nicht ihn persönlich, so doch Millionen von »nicht-jüdischen Deutschen« von den »jüdischen Deutschen«: Alle sind in der Tat Bürger des deutschen Staates, und dennoch haben nicht alle in einer bestimmten Phase der Geschichte dieses Staates die gleiche Erfahrung als Menschen mit ihm gemacht. Und daß dieser simple historische Sachverhalt zwei oder drei Generationen nach jener grauenhaften Geschichtsphase in den verschiedenen deutschen Lebenswelten noch immer unterschiedlich nachhallt, kann doch nicht so schwer zu begreifen sein. Es stimmt also mitnichten, daß »es in der Frage der Schuld für die Verbrechen im Dritten Reich heute keinen Unterschied zwischen einem jungen nicht-jüdischen Deutschen und einem jungen jüdischen Deutschen geben kann«. Denn obwohl beide Deutsche sind, »die persönlich ohne jede Schuld sind«, haften sie in ihrer Eigenschaft als deutsche Staatsbürger für die deutsche Geschichte eben nicht vollkommen in gleicher Weise: Was für den einen sich als die Unerträglichkeit der »Dauerpräsentation unserer Schande« darstellt, kann vom anderen als »unser stets zu erinnerndes Leid« empfunden werden, obgleich es sich in beiden Fällen um deutsche Staatsbürger handeln mag. Es nimmt sich, so besehen, eher wie

rhetorische Polemik aus, wenn Dohnanyi scheinheilig fragt: »Soll das zum Beispiel für einen jungen Deutschen nicht gelten, der türkische Eltern oder Großeltern hatte?« Natürlich gilt es auch für ihn. Es stellt sich eben nur die Frage, ob diesem jungen Deutschen türkischer Abstammung der Umgang mit dem an den Armeniern zu Anfang dieses Jahrhunderts begangenen Genozid – und zwar aus ebenderselben Verantwortung heraus – psychologisch so leicht fallen kann, wie es sich in Dohnanyis formalem Postulat darstellt. Gleiches gilt erst recht für den Deutschen armenischer Abstammung. Es hat also nichts mit »rassischer« Argumentation zu tun, wenn man auf partikulare Sensibilitäten und spezifisch geprägte Sichtweisen und Ausrichtungen hinsichtlich des konkreten Umgangs mit der deutschen Vergangenheit hinweist. Die Universalisierung der Holocaust-Erinnerung hat in Deutschland eine andere Funktion als in Israel, wie denn die partikularistische Erinnerung der Shoah einen anderen Stellenwert in Israel einnimmt als in Deutschland.[2] Damit soll die universalisierende Holocaust-Erinnerung keineswegs grundsätzlich in Frage gestellt werden. Ganz im Gegenteil. Es muß nur stets klar sein, daß Partikularisierung wie Universalisierung, in je unterschiedlichem Kontext, beide zu heteronomer Ideologie entarten können. Dohnanyi hat selbstverständlich recht mit seiner Behauptung, daß die Eltern und Großeltern vieler Deutscher nicht selbst »Täter« waren, sondern eher »Zuschauer«. Er stellt sich gleichwohl naiv, wenn er apodiktisch nachsetzt, es gehe nicht um »eine Einstellung zu Deutschland, sondern um das notwendige kritische Urteil über die passiven Zuschauer«. Denn insofern Deutschland als »Land der Täter« apostrophiert wird, dies aber ein umfassendes Spektrum von Schuld und Mitschuld meint – und zwar vom mörderisch handelnden Täter über den Schreibtischtäter, dessen Helfer und Helfershelfer, bis hin zum mitlaufenden »Zuschauer« –, eben ein Gesamtsystem, welches es den Tätern erlaubte, Täter werden zu können, dann geht es sehr wohl um das Wesen jenes Deutschlands. Das »kritische Urteil über die passiven Zuschauer« ist da in der Tat ein (wie immer gewichtiger) Teilaspekt eines Ganzen. Ob dabei dieses Urteil überzeugend nur der fällen kann, »der sich zuvor gefragt hat: Hätte ich mich widersetzt?«, muß bezweifelt werden. Niemand kann im nachhinein wissen, wie er/sie sich damals verhalten hätte, sondern lediglich, welche nachmalige

Projektion auf die damalige Zeit er/sie jetzt zu machen geneigt ist. Was man tun kann (und – moralisch betrachtet – muß), ist von der Maxime ausgehen, daß man sich, immer wenn es darauf ankommt, widersetzen soll, einer Maxime, die sich freilich nicht mehr rückwärts projizieren läßt, sondern nur als handlungsleitende regulative Idee für die Gegenwart und für die Zukunft verinnerlicht werden kann. Mehr noch: Die in der Vergangenheit schuldig Gewordenen können keinesfalls durch die (unumgängliche) Ungewißheit der Heutigen darüber, wie sie damals gehandelt hätten, entschuldet werden. Angesichts welcher Art ehemaliger Mitbeteiligung an der Schuld man sich späterhin schuldig fühlt, ist jedem Einzelnen überlassen. Es gibt ja bekanntlich zur Einsicht gelangte »Zuschauer« mit einem über Jahrzehnte gemarterten Gefühl der Verantwortung, wie es andererseits auch wirkliche Nazi-Mörder gibt, die sich ihr »reines Gewissen« mit dem Selbstverständnis, »nur Befehle ausgeführt zu haben«, immer noch erhalten. Die »Einstellung zu Deutschland« spielt dabei keine ganz geringe Rolle.

* * *

Die nunmehr zehn Jahre währende, in den letzten Jahren öffentlich zusehends angetriebene Debatte über die Errichtung des Holocaust-Mahnmals in Berlin hat zwei gegensätzliche Ergebnisse gezeitigt: Zum einen hat sie eine solche Eigendynamik entwickelt, daß sie sich zuweilen verselbständigt zu haben scheint; als habe sich der eigentliche Gegenstand der Erörterung (das Andenken an die Massenvernichtung der europäischen Juden) von dem Streit über die Notwendigkeit des Andenkens und seine Form bzw. von den Kämpfen um die politisch motivierte Wahrung der je eigenen diesbezüglichen Position losgelöst. Heteronome Momente – wie etwa die öffentlich erörterte Quantität eines bestimmten Gestaltungselementes des Mahnmals – haben sich mittlerweile des Diskurses bemächtigt. Man kann zuweilen den Eindruck gewinnen, als bemühe sich die Debatte, den in der Repräsentation der historischen Katastrophe festgeschriebenen Tauschwert der Opfer »auszuhandeln«. Das mag sich für manche »demokratisch« ausnehmen, hat aber auch zur Folge, daß einiges am Gegenstand vollends zerredet worden ist und selbst unter wohlwollend Interessierten leidigen Überdruß gezeitigt hat. Zum anderen scheint jedoch die Dauer und besagte Eigendynamik der Debatte dazu geführt zu haben, daß man den Beschluß, ein Mahnmal zu errichten, nicht mehr rückgängig machen kann. Würde man nämlich eine solche späte Entscheidung doch noch treffen, käme sie Beobachtern im Ausland – zumal nach dieser langen und mühseligen Auseinandersetzung mit dem Thema – unweigerlich als eine ideologische Entscheidung hinsichtlich der in Zukunft (staatsoffiziell) zu verfolgenden Erinnerungspolitik vor. Dies dürfte auch für nicht wenige Deutsche gelten, denen überdies der wahrhaft langwierige Prozeß, der zu der Entscheidung einer Nichterrichtung des Mahnmals führte, im nachhinein noch lächerlich, wenn nicht vollends absurd vorkommen müßte. Ob dabei die meisten Deutschen ein solches Mahnmal wirklich wollen, läßt sich schwer beurteilen. Es darf zumindest bezweifelt werden.

Die Frage ist freilich auch hier wieder: Was heißt »Deutsche«? Es war zwischendurch zu vernehmen, die Bundesregierung soll den Juden die Mittel zur Errichtung eines Mahn- bzw. Denkmals zu Verfügung stellen, damit sie, die Juden, das »Problem« lösen sollen. Das ist eine merkwürdige Idee. Denn nicht nur meinen viele Juden, sie bräuchten kein zentrales Denkmal in Deutschland, sondern einige ihrer artikulierten Vertreter haben sich dezidiert gegen die Errichtung des Monuments ausgesprochen. Für Israel stellt sich die Frage der Errichtung eines Mahnmals in Berlin als ein nur die Deutschen betreffendes (und das heißt für die allermeisten Israelis: die in Deutschland lebenden Juden ausnehmendes) Problem dar. Was immer man über den von Israel jahrzehntelang erhobenen Monopolanspruch auf die Holocaust-Erinnerung denken mag, bedeutet das zunächst, daß einem in Berlin bzw. in Deutschland errichteten Mahnmal die Legitimität einer Darstellung aus der (jüdischen) Opfer-Perspektive abgesprochen wird. Diese Auffassung muß nicht geteilt werden. Wie immer klarer zu werden scheint, läßt sich zwar die Kluft zwischen den der jeweiligen Perspektive eigenen Sensibilitäten der Erinnernden nicht überbrücken (ein Umstand, der spätestens während der Walser-Debatte deutlich geworden sein sollte), aber in der prinzipiellen Darstellung des zu Erinnernden läßt sich doch eine, wenn nicht universelle, so zumindest übers Partikulare hinausweisende Perspektive denken. Es ließe sich beispielsweise denken, daß der ursprüngliche Eisenman-Entwurf in dieser Hinsicht – von der inneren Logik eines großen Mahnmals her betrachtet – als gelungen oder doch zumindest akzeptabel gelten könnte. Bezeichnend ist gleichwohl, wie sehr sich seine nachfolgenden »Bearbeitungen« schon deutlich jenen fremdbestimmten Einmischungen in die Debatte verdankten.

Gleichwohl sollte hier ein anderes Moment der jüdischen Perspektive mitbedacht werden: Ohne darauf kulturgeschichtlich bzw. theologisch näher einzugehen, kann behauptet werden, daß die monumentale Materialisierung der Erinnerung der eher im Zeitlichen verankerten und ihrem Wesen nach abstrakten jüdischen Gedenktradition zuwiderläuft. Insofern also der Juden gedacht werden soll, mag sich ein Moment der Unvereinbarkeit zwischen der religiös-kulturellen Identität der zu Erinnernden und der Manifestation ihrer Erinnerung in die hier zur Debatte stehenden Erinnerungsformen eingeschlichen haben. Das bezieht sich freilich auf das religiöse, vor allem orthodoxe Judentum (welches allerdings einen nicht geringen Teil der in Osteuropa ermordeten Juden ausmachte). Für säkulare Juden stellt sich ein solches Problem nicht, wie man an der in Israel über Jahrzehnte herangereiften, dem Materiellen, zum Teil auch Monumentalen durchaus nicht abholden Gedenkkultur deutlich ausmachen kann. Gleichwohl kann nicht übersehen werden, daß das vom renommierten israelischen Bildhauer Yigal Tumarkin an einem zentralen Ort in Tel-Aviv errichtete Holocaust-Denkmal nie recht den Status einer allgemein anerkannten Stätte der Erinnerung und des Shoah-Gedenkens zu erlangen vermochte. Das mag damit zusammenhängen, daß es in Israel andere zentrale Holocaust-Gedenkstätten gibt. Es scheint indes, als habe da noch ein anderes Moment mit hineingespielt.

Es handelt sich nämlich um die grundsätzliche Frage der Beziehung zwischen dem zu Gedenkenden und der ästhetischen Form seiner Darstellung. Denn wenn die ästhetische Form immer schon dem Schicksal historischen Veraltens bzw. dem Verdikt historischer Überlebtheit ausgeliefert ist, das Gedenken jedoch den Anspruch auf langfristige, wenn nicht gar »ewige« Dauer erhebt, so handelt es sich um eine ihrem Wesen nach unauflösbare Aporie. Es läßt sich vermuten, daß das von Tumarkin bewußt in den abstrakten Stilmitteln der Nachkriegs-Moderne gestaltete Denkmal Opfer einer solchen Aporie geworden ist (insofern es von Teilen der israelischen Bevölkerung überhaupt jemals als ein akzeptables Medium der Darstellung des historischen Ereignisses angesehen wurde). Nun kann man dagegen einwenden, daß es ab einem bestimmten historischen Zeitpunkt keine Rolle mehr spielt, ob die ästhetische Form des Denk- bzw. Mahnmals noch zeitgemäß sei, nämlich dann, wenn sich der Status des Denkmals als solches – über das Ästhetische hinausgehend! – so etabliert hat, daß er konsensuell nicht mehr hinterfragt wird. Denn geht es um den Akt des Erinnerns, und nicht um seine wie immer zu denkende adäquate Darstellung, so ist das ein durchaus bedenkenswertes Argument. Nur erübrigt sich dann die Frage der formalen Gestaltung des Mahnmals (mithin die unsägliche Debatte um die »angemessene« Anzahl der in ihm zu installierenden Stelen) ganz und gar. Das würde bedeuten, daß es nicht mehr die dem Mahnmal immanente Form, sondern eher der es mit Sinn besetzende, außerformale Kontext des Mahnmals ist, welcher die Matrix für die sich etablierende Erinnerungspraxis abgibt.

Ob man nun die unbegriffliche ästhetische Form mit begrifflichem Wissen verbindet oder nicht, hängt ganz davon ab, was man will: Es ist wahr, daß keine ästhetische Form die Funktion der Erinnerung unabhängig vom Wissen um das zu Erinnernde leisten kann; ihre Errungenschaft liegt nicht in der Information, sondern einzig in der Vermittlung des über das Begriffliche Hinausgehenden. Das heißt freilich nicht, daß man das in der Gestalt einer Bibliothek oder eines Forschungszentrums manifestierte Wissen an das mit den Kunstmitteln des ästhetischen Mediums gestaltete Mahnmal zu koppeln hat. Denn es muß davon ausgegangen werden, daß niemand zu einem Holocaust-Denkmal geht, ohne bereits ein gewisses Mindestmaß an Wissen über das historische Ereignis zu haben. Die Verbindung des Denkmals mit einer (wie immer gedachten) Informationsinstanz erschließt sich also nicht zwingend aus dieser oder jener Definition angemessenen Erinnerns, sondern verdankt sich einzig nicht notwendigen, wenn auch nicht ganz auszuschließenden Erwägungen.

Es läßt sich freilich denken, daß man eher bescheidenere, in den Alltag integrierte bzw. an die Orte des historischen Geschehens gebundene Formen der Gedenkens bevorzugt, z.B. »Gleis 17«

an der S-Bahn-Station Grunewald oder die Installationen im Bayerischen Viertel in Berlin. Es kann auch sein, daß diese tendenziell aufs Partikulare abzielenden Formen als der sich in der kommenden Zeit (wenn die Generation der Täter und der Opfer endgültig nicht mehr da sein wird) abzeichnenden Verlagerung der Holocaust-Erinnerung auf die partikularen Lebenswelten und das individuelle Gedenken »angemessener« erweisen werden. Gleichwohl mag gerade dies ein starkes Argument für ein zentrales, das (politisch notwendige) kollektiv-rituelle Erinnern bedienendes Mahnmal sein. Denn die eine Form – das muß betont werden – schließt ja mitnichten die andere aus. Wie dem auch sei, die Entscheidung hierüber kann nicht mehr lange aufgeschoben werden, denn zu sehr nimmt sich die Debatte mittlerweile wie eine (bewußt-unbewußt angelegte) Verzögerungsstrategie aus, von der die Behauptung, die Debatte sei das eigentliche Denkmal, nicht ganz ausgenommen werden kann.

Oder hat man es hier etwa mit einer weiteren Manifestation »aufgeklärten« deutschen Zeitgeistes zu tun? Eines sollte jedenfalls mitbedacht werden: Man kann das Mahnmal aus gutem Grund nicht haben wollen. Wenn sich aber in der Begründung des Unwillens das Widerstreben gegen die »Dauerpräsentation unserer Schande« (man beachte: nicht von der in aller Zukunft zu erinnernden Menschheitskatastrophe ist hier die Rede, sondern vom Problem der Schande, eines seinem Wesen nach eher dem Bereich narzißtischer Kränkungen zugehörenden Problems) bzw. die Auslegung der »Betonierung des Zentrums der Hauptstadt mit einem fußballfeldgroßen Albtraum« als einer »Monumentalisierung der Schande« sedimentiert hat, mag sich die Frage einstellen, ob nicht gerade deshalb ein Monument errichtet werden sollte, und sei es, um permanent anzumahnen, daß es eben nicht um die Wohlgefälligkeit von (mittlerweile zu »Gutmütigen« mutierten) Deutschen, nicht um Selbstzufriedenheit und Seelenfrieden von neonational gestärkten Bundesbürgern, auch nicht um Ver- bzw. Aussöhnung mit der »Vergangenheit« geht, sondern um die Erhaltung des Bewußtseins eines weiterhin stets lauernden Rückfalls in die Barbarei. So wie die freudige Feststellung, daß deutsche Kampfflugpiloten nun endlich mal »auf der richtigen Seite« fliegen, keine sehr gute Begründung für deren (der Sache nach durchaus rechtfertigbaren) Einsatz im

Kosovo abgibt – denn es kann nicht um die Eitelkeit einer nachmaligen Kompensation vergangener Schuld, bei der man auf der eigenen »falschen Seite« flog, gehen –, so ist das Argument der Unerträglichkeit einer monumentalen Dauerpräsenz der »Schande« für die Nichterrichtung eines Holocaust-Mahnmals ihrem Wesen nach eher ideologischen Charakters. Es ist legitim, dieses Mahnmal nicht zu wollen; man kann auch die »Dauerpräsentation unserer Schande« nicht mehr ertragen wollen; man kann sogar von deutschen »Lernprozessen« reden, über deutsche »Gutmütigkeiten« schwadronieren und sonstige raffinierte Windungen, rationalisierende Wandlungen oder gar enttabuisierende Wenden im Umgang mit der deutschen Vergangenheit (und auch mit der deutschen Gegenwart) öffentlich einleiten – nur sollte man sich stets eine recht genaue Rechenschaft darüber ablegen, warum man dies tut. Denn es hat sich offenbar etwas im deutschen Zeitgeist gewendet. Der Zeitgeist wird aber immer vom Geist der Menschen, der deutsche Zeitgeist von dem deutscher Menschen, mithin ihrer (kritischen) Intelligenz getragen.

* * *

Die Mühsal des Gedenkens ist facettenreich. Sie mag zum einen die Form strikter Verweigerung annehmen: Das Nichtgedenkenwollen versteht sich dann entweder als bewußter Akt der Entziehung (wie z.B. im Diskurs der »Nestbeschmutzungs«- bzw. »Schlußstrich«-Polemik , wobei freilich von Mühsal dann nicht mehr recht die Rede sein kann) oder als Akt der ihr verwandten Abgrenzung aus Überdruß (wie z.B. im Fall der »Dauerpräsentation unserer Schande«, wo sich das Nichthinschauenwollen als Maßnahme gegen den vorgeblichen Mißbrauch des Gedenkens versteht). Gleichwohl darf in diesen beiden Fällen die Abwehrhaltung immer noch aus der unterschwelligen Anerkennung eines zu Gedenkenden abgeleitet werden; denn selbst noch die Polemik gegen die »Nestbeschmutzung« leugnet ja das historische Verbrechen nicht ganz ab, sondern erwehrt sich vielmehr – bewußt und unbewußt zugleich – gegen jenes Maß der nachmaligen narzißtischen Kränkung, das man als »unerträglich« zu empfinden geneigt ist. Die Verweigerung hat, so besehen, weniger mit subjektivem Unwissen, sondern eher mit der vorsätzlichen Ablehnung der Umsetzung des Gewußten in einer, in emanzipativer Absicht verfolgten regulativen Idee zu tun. Dem verschwistert ist zum anderen die Verdrängung als Akt der (hier kollektiv gemeinten) Unfähigkeit, sich mit dem zu Gedenkenden auseinanderzusetzen. Auch sie leugnet letztlich das zu Gedenkende nicht im emphatischen Sinne ab, sondern stellt sich, als Mechanismus der Abwehr, gerade infolge der ursprünglich gewußten (oder zumindest erahnten) Schuld ein.

Es sollte hier jedoch nicht der Eindruck aufkommen, als ließen sich Kategorien der Individualpsychologie leichterdings aufs Kollektive übertragen. Sosehr auch das Individuelle im gesellschaftlich Kollektiven verankert sein mag, sind doch die in beiden »Sphären« wirkenden Mechanismen nur im isomorphen Sinne vergleichbar. Wenn also von Verdrängung die Rede ist, dann hat sie im Gesellschaftlichen nicht den gleichen Stellenwert, der ihr im individuellen Seelenhaushalt zukommt. Und dennoch läßt sich die Kategorie der psychischen Rationalisierung mit der der kollektiven Ideologie in Verbindung bringen, und zwar in zweifacher Hinsicht: Zum einen affirmieren beide das narzißtische Selbstbild des jeweiligen individuellen bzw. kollektiven Subjekts; damit zusammenhängend wird zum anderen durch beide ein Wirkliches besagten Subjekts so sehr an die Bedürfnisse seines Selbstbildes angepaßt, daß es entstellt wird, mithin ein »falsches Bewußtsein« von ihm entsteht.

Im hier erörterten Zusammenhang sind vorwiegend kollektive Ideologiekonstrukte (des Zeitgeistes) gemeint, wenn von der Mühsal des Gedenkens die Rede ist. Denn das eigentlich Facettenreiche dieser Mühsal erweist sich letztlich weniger in der Verweigerung bzw. Verdrängung des zu Gedenkenden, als vielmehr gerade in der bewußten (freilich von nichtbewußten Mechanismen deutlich mitbestimmten und überdies nicht unbedingt freiwilligen) Auseinandersetzung mit der verbrecherischen Vergangenheit des deutschen Kollektivs. Wenn also Wehler behauptet, daß es nicht häufig vorkomme, daß Völker sich ihren eigenen Verbrechen stellen, und daß sich die Bundesrepublik im internationalen Vergleich, »aufs Ganze gesehen, durchaus sehen lassen« könne, so hat er durchaus recht. Das heißt aber nicht, daß die Konfrontation mit der verbrecherischen Vergangenheit nicht in sich wiederum ideologisiert werden kann. Auch daß Walser

»in diesem Feld« (der Konfrontation mit der deutschen Vergangenheit) schon lange vor seiner Auseinandersetzung mit Bubis »beschäftigt« war, mag aus der eigenen (freilich in sich aberwitzigen) Sicht durchaus stimmen; das besagt aber nicht, daß er sich gerade in dieser seiner »Beschäftigung« nicht schon lange im Nicht-ganz-genau-Hinschauen, wenn nicht gar im genauen Wegschauen geübt hat.

Geht man zudem davon aus, daß Walsers oder Wehlers Auftritt im öffentlichen Raum repräsentativen Charakter hat, mithin auf etwas über ihre Person Hinausgehendes verweist, so erschließen sich in ihren Reden und Aussagen zusätzliche Muster des Ideologischen bzw. der mit dem Ideologischen indizierten Mühsal des Gedenkens. So mag es schon sein, daß die Debatte um das Denkmal das eigentliche Denkmal sei, wie vom Historiker James E. Young behauptet; es mag indes nicht weniger stimmen, daß der Debatte um der Debatte willen ein Selbstzweck inhäriert, der sich als solcher gerade durch den Verlust des Debattengegenstandes, des eigentlich zu Gedenkenden, auszeichnet, mithin in der (wie immer von wirklichen oder vorgeblichen Zweifeln und Zerrissenheiten durchsetzten) Lust an der Debatte zum ideologisch Heteronomen gerät. Daß man über das Mahnmal eingehend debattiert, kann als das demokratische Selbstwertgefühl »der Deutschen« zelebriert werden, ehrlichen Befindlichkeiten und Betroffenheiten der Diskurs-Teilnehmer und ihrer Rezipienten freien Lauf lassen oder der neuformulierten bzw. -inszenierten Selbstdarstellung »der Öffentlichkeit« schmeichelnd Genüge tun. Damit ist aber keineswegs gesichert, daß man das, woran sich die Debatte eigentlich entzündet haben sollte, in der Tat auch um seiner selbst willen erörtert; es kann sich vielmehr herausstellen, daß die Vehemenz der Debatte sich gut dafür eignet, gerade durch den Verweis auf die Notwendigkeit des Gedenkens nämliches Gedenken zu entsorgen, durch das zerredende Reden über die Erinnerung der wirklichen Erinnerung überdrüssig zu werden. Ob dabei die emanzipative Einsicht in das Notwendige zusätzlichen demokratischen Gewinn zeitigt, darf bezweifelt werden. Denn insofern vernunftgeleitete Trauerarbeit als adäquateste Form des öffentlichen Umgangs mit dem Holocaust vorgestellt wird – Vernunft dabei den Bezug aufs Objekt meint, die Opfer also im Stande ihres Opferseins und die Täter im Stande ihres Täterseins erinnert werden sollen, um der historischen Bedingungen jenes Rückfalls in die Barbarei innezuwerden –, muß jede (wie immer kritische) Debatte, die ihrem Wesen nach die narzißtische Selbstbezogenheit der Diskurs-Teilnehmer, wenn nicht zum bewußten Gegenstand der Debatte erhebt, so doch als deren latente Matrix verwendet, den als »Lehre« begriffenen Gedenkanspruch verfehlen. So besehen, inhäriert sowohl Walsers Larmoyanz über die »Dauerpräsentation unserer Schande« als auch Wehlers Postulat, daß sich die Bundesrepublik im internationalen Vergleich, »aufs Ganze gesehen, durchaus sehen lassen« könne, ein mehr oder weniger bewußtes Moment narzißtischer Verdinglichung: Die als »Vergangenheit« rhetorisch abgepackte Vergangenheit figuriert als fetischisierte Projektionsfläche für den öffentlich ausgetragenen (mitunter ideologischen) Versuch, sich von ebendieser Vergangenheit abzukoppeln. Nicht um die reale Wirklichkeit des Barbarischen geht es dabei, sondern um das selbstgefällig verjammerte Nicht-mehr-hinschauen-können, nicht um die Mechanismen der direkten wie indirekten Beförderung des Barbarischen, sondern um die apologisierende Abtragung der entstandenen Schuld. Dazu paßt, daß man – fernab von allem Holocaust-Gedenken und unter kokettem Umgang mit dem Kapitalismus und seinen inzwischen unsichtbar gewordenen Herrschaftsmechanismen – »die Deutschen«, vorgebliches Subjekt notwendigen Gedenkens, durch (ironisch oder eben nicht gar so ironisch gemeinte) »Gutmütigkeit« bis zur Unkenntlichkeit verniedlicht. Von allergrößter Bedeutung ist dabei freilich, daß solche Ideologeme eben nicht als Idiosynkrasien ihrer prominenten Autoren abzutun sind, sondern in der manifesten wie auch latenten öffentlichen Resonanz, die sie zeitigen, ein gewisses, wenn nicht allgemeines, so doch recht weit verbreitetes Bedürfnis der in der »Berliner Republik« angelangten »Deutschen« indizieren. Das muß nicht gleich »Normalisierung« oder »Schlußstrich« bedeuten, schon gar nicht Verdrängung oder Verleugnung. Die Ideologie des neuen Zeitgeistes operiert subtiler, komplexer, ambivalenter auch und scheinbar zerrissener: Sie weiß zu berichten, daß kein »ernstzunehmender Mensch« Auschwitz leugne, kein »zurechnungsfähiger Mensch« an der Grauenhaftigkeit von Auschwitz herumdeutle (Walser); sie spricht von der »Zumutung eines Spagats zugunsten von Schieder, Conze und ihren Generationsgenossen« (Wehler); sie ist sich durchaus auch dessen bewußt, daß ein Jude wie Bubis deutscher Staatsbürger sei, »aber er kann niemals – und wer würde das von ihm auch verlangen wollen! – sagen: ›Wir haben den Holocaust verschuldet!‹« (Dohnanyi). Und dennoch landet sie, durch viele Windungen hindurch, beim Aufbäumen gegen »diese Dauerpräsentation unserer Schande«; bei der aufrechnenden Frage: »Wieviele Jahrzehnte muß man ein honoriges Leben führen, um diese Jahre zwar nicht wettzumachen, aber doch zu relativieren?« oder beim Vorschlag zur Güte, demzufolge sich auch die jüdischen Bürger in Deutschland fragen müßten, »ob sie sich so sehr viel tapferer als die meisten anderen Deutschen verhalten hätten, wenn nach 1933 ›nur‹ die Behinderten, die Homosexuellen oder die Roma in die Vernichtungslager geschleppt worden wären«. Es wird nicht relativiert, schon gar nicht verdrängt, aber das Lippenbekenntnis zu dem, an welchem es vorgeblich nichts herumzudeuteln gibt, erweist sich letztlich doch als Sprungbrett für die Legitimierung einer neuen Befindlichkeit, der Hinterfragung des bis vor kurzem noch Tabuisierten, des über Jahre, gar Jahrzehnte unterschwellig Mitgeschleppten, welches sich immer nur im Ressentiment des Stammtisches entlud, nun aber als Edelstammtisch, anläßlich öffentlicher Preisverleihungen bzw. würdiger akademisch-feuilletonistischer Auseinandersetzungen endlich an die Oberfläche darf. Wenn man wieder wer – mithin »normal« – ist, kann man es sich leisten, die Ideologie des Spagats souverän zu propagieren.

* * *

Am 19. April 1999 zog der deutsche Bundestag ins Reichstagsgebäude ein. Die Tatsache, daß dies geschah, reichte offenbar nicht aus, um sie als solche hinzunehmen, mit gemäßigtem Interesse zu registrieren. Man machte sich »Gedanken« über den historischen Moment, brachte zu Papier, was man dabei so »fühlt«. Natürlich gibt es gute Gründe dafür. Denn nichts, was sich in der zweiten Hälfte des 20. Jahrhunderts in deutschen Institutionen, geschweige denn in denen Berlins, staatsoffiziell verändert, kann »wertfrei« rezipiert werden, schon gar nicht eine den Reichstag betreffende Veränderung. Nicht von ungefähr mußte vor einigen Jahren gerade dieses Gebäude verhüllt werden, damit das in ihm geschichtlich Sedimentierte öffentlich hochschieße. Fraglich freilich, was durch

den Kunstakt und solcherart bewirkte Bewußtwerdung erreicht werden sollte: daß Deutschland historisch gereinigt, rituell purifiziert werde? So purifiziert, daß man den Einzug ins Reichstagsgebäude »guten Gewissens« – d.h. mit einem sich durch das kokett beibehaltene Bewußtsein, daß es da etwas auf dem Gewissen zu haben gilt, selbst entsorgenden Gewissen – vollziehen kann?
Das scheint eine nörgelnde, zudem »moralisierende« Frage zu sein. Was sie dazu werden läßt, ist die unumstößliche Macht des Faktischen. Denn unabhängig davon, ob sich der Einzug des Bundestags ins Reichstagsgebäude mit gereinigtem Gewissen oder gebrochenem Bewußtsein vollzieht, oder ob er darauf abzielt, die historische Kontinuität, deren Wahrung angesichts der von Deutschland in diesem Jahrhundert verursachten weltgeschichtlichen Katastrophe unmöglich geworden zu sein schien, eben doch symbolisch (wieder)herzustellen, eines ist gewiß: Mit dem Akt des Einzugs werden alle nörgelnd »moralisierenden« Hinterfragungen relativiert. Nicht nur zieht dabei die Karawane weiter, während die Hunde bellen, sondern es erhebt sich in der Tat die Frage, ob das »Moralisierende« nicht bereits zur Ideologie des Realpolitischen verkommen, das Gebell mithin zum integralen – seines Widerständischen längst enthobenen – Bestandteil der unerbittlich weiterziehenden Karawane avanciert sei. Man denke da an die neun Jahre zurückliegende Debatte um die Wiedervereinigung zwischen Rudolf Augstein und Günter Grass. Während Grass mit großer Emphase erklärte, Auschwitz gelte ihm als »die große Schwelle, die Schamschwelle«, die bei jedem politischen Versuch, in Deutschland etwas neu zu gestalten, mitbedacht werden müsse, beteuerte Augstein, daß man Auschwitz kaum fürchterlicher finden könne als er, daß man es gleichwohl nicht in der praktischen Politik perpetuieren dürfe, zumal es »für den künftigen Lauf der Welt« ohnehin nicht konstituierend sei. Bezeichnend war aber vor allem seine apodiktische Feststellung, »der Zug« sei ohnehin »abgefahren«, die Vereinigung der beiden deutschen Staaten angesichts des DDR-Bankrotts eine zwangsläufige Notwendigkeit, mag man sie nun wollen oder nicht.[3]
Was dabei gewollt oder nicht gewollt werden mag, fängt ja bekanntlich nicht mit der deutschen Wiedervereinigung und schon gar nicht mit dem eher symbolischen Akt des Einzugs des deutschen Parlaments in das Reichstagsgebäude an. Von Anbe-

ginn wurde in Deutschland (und in gewisser Hinsicht auch in Israel) der Stellen- bzw. Tauschwert von Auschwitz nicht so sehr durch die Monstrosität des Geschehenen, als vielmehr durch die innere Logik des unmittelbar nach 1945 einsetzenden Kalten Krieges bzw. durch die geopolitischen Interessen des von den USA (gern) angeführten Westens bestimmt. Die Reintegration der hurtig »entnazifizierten«, geschwind zum »anderen Deutschland« mutierten alten BRD in die »Völkergemeinschaft« meinte ja nichts anderes als die Errichtung einer »demokratischen Bastion« gegen den paranoid propagierten allgemeinen »Vorstoß des Kommunismus«. Daß dabei das Land der Menschheitskatastrophe innerhalb kürzester Zeit zum Land des »Wirtschaftswunders«, späterhin (wenn auch nicht sehr viel später) zur ökonomisch stärksten Macht Europas avancieren konnte, wurde als »normal« gewertet. Mithin galt schon das wirtschaftliche Sein, welches nach und nach das »normalisierende« Bewußtsein bestimmte, als untrügliches Zeichen für das Andersgeworden-sein dieses neuen Deutschland.

Wenn also heute der Einzug des deutschen Bundestags ins Reichstagsgebäude relativ bedenkenlos vollzogen werden kann, die Errichtung des Mahnmals für die Ermordung der Juden Europas hingegen jahrelang debattiert werden muß; wenn die Möglichkeit einer doppelten Staatsbürgerschaft für große Teile der deutschen Politlandschaft eine Unterwanderung des eigenen »nationalen« Selbstverständnisses bedeutet, der Einsatz von deutschen Kampfflugzeugen im Kosovo-Krieg aber nahezu parteienübergreifend (zumindest anfangs) befürwortet worden ist; wenn man die »Dauerpräsentation unserer Schande« nicht mehr ertragen kann, dafür jedoch umso energischer auf die Anerkennung der eigenen »Normalität« pocht – dann hat das alles vor allem damit zu tun, daß Deutschland in (vorläufiger) letzter Rechnung als einziger wirklicher Sieger aus der von ihm verursachten Weltkatastrophe hervorgegangen ist: Nicht nur ist es (wieder)vereinigt und lebt in wohlständischem Überfluß, sondern es ist objektiv zur politischen, ökonomischen und kulturellen Weltmacht avanciert. Die zuweilen in den öffentlichen Raum vordringende deutsche Larmoyanz darüber, von der »Welt« nicht geliebt zu werden, ist lachhaft. Weniger lachhaft ist dagegen die durch das »normalisierende« Bewußtsein hindurchwirkende

Selbstverständlichkeit, mit der Deutschlands Macht und Stärke ein halbes Jahrhundert nach der Unsäglichkeit des an anderen und an sich selbst Verübten offenbar von vielen, wenn nicht den allermeisten Deutschen hingenommen wird. Aber auch dieses Gebell wird wohl im triumphalen Lärm des historisch »abgefahrenen Zugs« bzw. im Einzugsgetümmel der siegreichen deutschen Karawane in ihr Reichstagsgebäude untergehen. Zu hoffen bleibt, daß der symbolische Akt des Einzugs in das neue-alte Gebäude nicht das Bewußtsein seiner neuen Bewohner darüber, was das neu hergerichtete, nunmehr neubezogene Gebäude geschichtlich symbolisiert, trüben möge.

Anmerkungen

1 »Die deutschen Widerstandskämpfer haben mindestens so sehr ein Mahnmal verdient wie die Opfer«, in: Der Tagesspiegel, 8.4.99, S. 5.

2 Vgl. hierzu das Kapitel »Fluch des Vergessens« in: Moshe Zuckermann, Zweierlei Holocaust. Der Holocaust in den politischen Kulturen Israels und Deutschlands, Göttingen 1998.

3 Rudolf Augstein und Günter Grass, Deutschland, einig Vaterland, Göttingen 1990, S. 55, 56, 78f.